Berliner Kleinseglerverband

Die Segeljolle

Ein Wegweiser und Ratgeber bei der Anschaffung von Schwertbooten (1920)

Berliner Kleinseglerverband

Die Segeljolle

Ein Wegweiser und Ratgeber bei der Anschaffung von Schwertbooten (1920)

ISBN/EAN: 9783954270934
Erscheinungsjahr: 2012
Erscheinungsort: Bremen, Deutschland

© maritimepress in Europäischer Hochschulverlag GmbH & Co. KG, Fahrenheitstr. 1, 28359 Bremen. Alle Rechte beim Verlag und bei den jeweiligen Lizenzgebern.

www.maritimepress.de | office@maritimepress.de

Bei diesem Titel handelt es sich um den Nachdruck eines historischen, lange vergriffenen Buches. Da elektronische Druckvorlagen für diese Titel nicht existieren, musste auf alte Vorlagen zurückgegriffen werden. Hieraus zwangsläufig resultierende Qualitätsverluste bitten wir zu entschuldigen.

DIE SEGELJOLLE

Ein Wegweiser und Ratgeber bei der Anschaffung von Schwertbooten

Herausgegeben vom Vorstand des
Berliner Kleinsegler-Verbandes.

Dritte
völlig neu bearbeitete
Auflage

BERLIN 1920
Verlag „DER SEGELSPORT"

Inhaltsverzeichnis

	Seite
Zum Geleit	9

I. Einleitung
1. Bootstypen 11
2. Die Eigenart der Schwertjolle 14
3. Der Rumpf 16
4. Die Takelung 20
5. Die Jolle als Reiseboot 22
6. Die Jolle als Rennboot 36
7. Bauausführung und Anschaffungskosten 39
8. Die Bestellung eines Neubaues 45

II. Risse, Ansichten und Beschreibungen von Jollen verschiedener Größe und Art
    A. Jollen für Binnen-Gewässer bis zu 5 qm-Segelfläche 50
    B.   „   „   „   „   „   „ 10 „   „ 62
    C.   „   „   „   „   „   „ 15 „   „ 86
    D.   „   „   „   „   „   „ 20 „   „ 129
    E. Nationale Binnenjollen des D. S. V. (22 qm Segelfläche) 152
    F. Jollen für Binnen-Gewässer bis zu 30 qm Segelfläche 156
    G. Jollen für rauhes Wasser 166

Verzeichnis der Klassenboote.

B. K. V. Klasse I 160
B. K. V.   „   II 129
B. K. V.   „   IIa 150
B. K. V.   „   III 86
B. K. V.   „   IIIa 112
B. K. V.   „   IV 62
B. K. V.   „   V 50
D. S. V. nationale Binnenjolle 152
D. S. V.   „   Küstenjolle 166
D. S. V. 15 qm-Jolle 102
Anhang: Bauvorschriften und Vermessungsbestimmungen
    1. des B. K. V. 186
    2. des D. S. V. 189

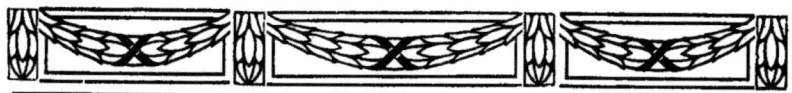

Zum Geleit

Aus dem Vorwort zur 1. und 2. Auflage

Der neue Frühling, der in unserem deutschen Kleinsegelsport angebrochen ist, zieht immer weitere Kreise in seinen Bann. Die Freude an dem ziellosen Umherschweifen auf blauer Flut, an fröhlichen Wanderfahrten durch unsere schöne Heimat, am Kampf mit den empörten Elementen wie an der Feinkunst seglerischen Wettkampfes, fernab von aller großstädtischen Überkultur, vom Hasten und Getriebe modernen Lebens — sie wirbt neue Jünger unserem Sport jahraus jahrein.

Aber auch vor dieses Schlaraffenland haben die Götter einen Berg getürmt, dessen Durchdringung dem jungen Freunde der Kleinsegelei nicht leicht gemacht ist. Ratlos steht er davor; Boote der verschiedensten Typen werden ihm von verkaufslustigen Seglern und Werften als die allein seligmachenden angepriesen. Die Vorzüge sieht er wohl, aber um die Nachteile zu erkennen, dazu fehlt ihm ja das einzige Mittel, die Erfahrung. Und auch dem Erfahreneren drängen sich der Fragen und Rätsel genug auf; denn bei der schnellen Entwicklung und Umwandlung der überkommenen Typen ist das, was gestern noch gut schien, heute bereits überholt.

Eine Fülle von Anfragen, die uns im Laufe der letzten Jahre zugegangen sind, haben uns diese Sorgen kennen gelehrt. Hier zu helfen, ist der Zweck dieses Büchleins.

Aber es will nicht nur raten, sondern auch Wege weisen, Wege in die Zukunft des Jollenbaues hinein. Es will Zeugnis ablegen von dem frischen Zug, der durch unseren Kleinsegelsport geht, von den Kräften, die am Werke sind, um ihn einer neuen Zukunft entgegenzuführen.

Wenn dieser erste Versuch, die Vielgestaltigkeit der modernen Jolle vorzuführen, uns auf diesem Wege ein Stück weiterbringen würde, so wäre die freudig daran gewandte Arbeit nicht nutzlos vertan.

So ist der Weg klar vorgezeichnet. Vieles ist schon erreicht — davon spricht dies Büchlein. Noch viel mehr gibt es zu leisten — davon werden seine Nachfolger hoffentlich berichten können.

Frühjahr 1913.

**Der Vorstand der Wettfahrtvereinigung
Berliner Jollensegler**

Vorwort zur 3. Auflage

Die beiden ersten starken Auflagen des Werkchens sind längst vergriffen. Manch Wort der Anerkennung, manch dankbarer Gruß von Anfängern hat uns in diesen Jahren seit dem ersten zaghaften Erscheinen des Büchleins erfreut. „Die Segeljolle" ist ein täglicher Gast auf den Werften, ein wirklicher „Ratgeber" geworden. Daraus erwächst uns der Mut und — wie wir glauben — auch die Pflicht, auf dem begangenen Wege selbstloser Arbeit für unsern Sport fortzuschreiten.

Mit einem Neudruck ist's diesmal nicht getan. Die alte, schlecht segelnde und noch schlechter ruderbare Jolle, die sich stolz als „Ruder- und Segeljolle" ausgab, ist endgültig abgetan. Der Kampf gegen sie und gewisse Zugeständnisse an den herkömmlichen Typ, von denen die ersten Auflagen noch Zeugnis ablegen, sind gleichermaßen überflüssig geworden. Wir brauchen den Anfänger nicht mehr damit zu quälen, wir können ihm mit gutem Gewissen versprechen, daß er bei verständiger Benutzung unserer Ratschläge und bei der erleichterten Wahl aus der Fülle des Dargebotenen unter allen Umständen ein gut segelndes und leicht ruderbares Boot erhält. Um ja nicht einseitig zu werden, haben wir an Stelle der ausgemerzten, durch die Entwicklung überholten Beispiele mehr als die doppelte Zahl neuester Risse der verschiedensten Art eingefügt.

Hierbei sind die Bedürfnisse des Wanderseglers und die Boote für unsere Küsten stärker berücksichtigt worden, da ja die Wanderfreudigkeit auch in unserem Sport von Jahr zu Jahr gewachsen ist und noch wächst.

Eine durchgreifende Neugestaltung mußte deshalb auch der allgemeine Teil des Werkes erfahren. Die Jolle als Reiseboot ist in einem besonderen Abschnitt behandelt worden. Neben dieser durchgreifenden Neuordnung mußte im einzelnen noch mancherlei in Übereinstimmung mit der inzwischen vollzogenen Entwicklung unseres Sports geändert und gebessert werden.

Wir glauben, daß der Wunsch nach dem „Ratgeber" gerade jetzt besonders rege sein wird. Brachte uns doch die Zeit nach dem Kriege einen überraschenden Aufschwung des deutschen Sportes und nicht zuletzt des Segelsports. Die wirtschaftlichen Verhältnisse aber stellen jetzt gerade das kleine Boot noch mehr als bisher in den Mittelpunkt des Segelsports überhaupt.

Es erschien uns nicht ratsam, die anderen Bootsgattungen, die der inzwischen aus der W. B. J. erwachsene B. K. V. neu in seine Pflege aufgenommen hat, mit einzubeziehen. Die Mannigfaltigkeit würde für den Anfänger nur zu leicht verwirrend wirken. Dem kleinen Kielboot und dem Kreuzer soll vielmehr eine eigene Arbeit in einem besonderen Büchlein gewidmet werden.

Herbst 1920.

Der Vorstand des
Berliner Kleinsegler-Verbandes.

I. Einleitung.
1. Bootstypen.

„Ein Segelboot zu kaufen gesucht. Gefl. Angebote mit Angabe des Preises erbeten unter X. Y. 100 an die Geschäftsstelle dieser Zeitschrift." — Alle Jahre kehrt eine solche allgemein gehaltene Nachfrage in den Anzeigenteil unserer Fachzeitschriften ein, und es wäre interessant, einmal Einsicht nehmen zu dürfen in den hochragenden Stoß von Angeboten, den der unentschlossene Einsender einer solchen Anzeige daheim aufgetürmt sieht. Hoffte er im stillen auf ein märchenhaft schönes Boot zu märchenhaftem Preise? Oder meinte er, die Fülle der Auswahl würde ihm die Qual des Entschlusses erleichtern? Wir glauben es kaum. Denn bei 9999 von 10 000 Sterblichen sind die Möglichkeiten beim Erwerb eines Segelbootes fest umgrenzt durch die Möglichkeiten des Geldbeutels, zumal bei den jetzigen schwierigen wirtschaftlichen Verhältnissen, und der 10 000., bei dem dies nicht der Fall wäre, ist in der Regel kein Segler, wenigstens nicht das, was wir darunter verstehen, einer, dem Wind und Wasser das Leben erst lebenswert machen.

Was würden wir bauen und kaufen, wenn wir dieser Glückliche wären und dabei der Segler blieben, der wir sind? Nun, wir meinen, die Wahl wäre nicht schwer. Ein Hochseekreuzer für eine mehrwöchige Erholungsreise — das wäre wohl das erste. Ein kleinerer Binnenkreuzer für längere und kürzere Wanderfahrten auf heimischen Gewässern — das zweite. Aber uns locken nicht nur die Wege ohne Ziele, uns lockt auch der nervenspannende, nervenstärkende Kampf — so wäre die Rennjacht (in jedem Jahre neu, mitunter auch zwei in einem Jahre) das nächste. Und zum Genießen des Nachmittags und zu fröhlichem Kampf, bei dem „selber der Mann" ist, endlich eine kleine Jolle. Nicht wahr, das wäre die ideale Bootsausrüstung des wirklichen Seglers! Wenn das Geld keine Rolle spielte, so würde er keines von den vieren missen wollen.

Da nun aber einmal das leidige Geld die ausschlaggebende Rolle spielt, so heißt es zu wählen zwischen den vieren. Dem einseitig veranlagten Segler wird die Wahl, je nach Geschmack und Temperament, nicht gar schwer werden, und die stille Zufriedenheit des Genügsamen wird ihm einen gewissen Ersatz bieten für das, was ein neidisches Geschick ihm versagte. Wir sprechen aber hier zunächst nur von den Seglern, die, wenn es irgend geht, aller Freuden (und Leiden!) volles Maß auskosten möchten, das unser Sport seinen Jüngern zu spenden vermag. Und das sind ja doch die besten Segler und erfreulicherweise auch weitaus die meisten. Da gilt es also vor allem zu erwägen, welcher Bootstyp am ehesten geeignet und befähigt ist, einen Teil des Genusses zu ersetzen, den die uns versagten anderen Typen bieten würden. Und bei solcher Erwägung fährt — um es gleich vorwegzunehmen — die Jolle u. E. wohl am besten.

Der Hochseekreuzer scheidet natürlich aus, er ist für binnen ein ungefüges Boot, schon seines großen Tiefgangs wegen. Die kleineren Rennjachten sind für Seeturen nur sehr bedingungsweise, für Wanderfahrten auf heimischen Binnengewässern wegen des Tiefgangs, der Schwierigkeiten des Mastlegens usw. gar nicht geeignet. Sie erfordern überdies bei ihrem schnellen Veralten ein Kapital, wie es nur wenigen zur Verfügung steht.

Der Binnenkreuzer ist für längere und kürzere Wanderfahrten ein ideales Boot und läßt sich auch so konstruieren, daß er alljährlich einmal seine Nase in die See stecken kann.

Die Klassenkreuzer des Deutschen Segler-Verbandes wie die des Berliner Kleinsegler-Verbandes geben auch Gelegenheit zu regelmäßiger Beteiligung an Wettfahrten. Aber für kleinere Nachmittagsfahrten ist ein Kreuzer schon reichlich unbequem. Und die kleinsten Kreuzer des D. S. V. kosteten im Frieden schon über 4000 Mark, der kleine 30 qm-Kreuzer des Berliner Kleinsegler-Verbandes selbst bei Scharpiebau immerhin noch weit über 2000 Mark, und, da wir diese Preise heutzutage etwa mit 10—15 zu multiplizieren haben, so dürften die meisten Segler wohl oder übel auf diese Boote verzichten müssen. Vorderhand ist auch an eine wesentliche Verbilligung der so böse emporgeschnellten Preise nicht zu denken.

Da tritt nun die Jolle als willkommener Ersatz ein. Denn sie ist ein ideales Wanderboot für Binnenfahrten und vermag bei entsprechender Inneneinrichtung den Kajütkreuzer bis zu einem gewissen Grade zu ersetzen. Sie kann auch Wattenmeer, Haffs und Strommündungen durchqueren, ist allerdings auf offener See nicht jedem Wetter gewachsen und daher für größere Seereisen nicht zu gebrauchen. Aber für Wanderfahrten, kürzere und längere, zum Nachmittags- und Tagessegeln ist die Jolle das Segelboot schlechthin und dabei ein vorzügliches Regattaboot zugleich, ein Boot, das — als Klassenboot von vornherein konstruiert und gebaut — reichlich Gelegenheit hat, sich mit gleichwertigen Bewerbern zu messen und bei dem noch in höherem Maße als bei großen Jachten das Können letzten Grundes entscheidet.

So ersetzt also die Jolle, soweit überhaupt ein für ganz bestimmte Zwecke geschaffener Typ zu ersetzen ist, gleichermaßen den Binnenkreuzer wie die Rennjacht und behält dabei die Vorteile des kleinen Bootes. Sie stellt außerdem gleichzeitig das billigste wirkliche Segelboot dar, sodaß also der in seiner Vermögenslage am engsten Beschränkte keineswegs mit dem am wenigsten brauchbaren Typ fürlieb zu nehmen braucht.

Dies geschieht aus Unkenntnis der tatsächlichen Verhältnisse leider nur zu oft. Wie mancher Segler hat nicht schon statt einer neuen, brauchbaren Jolle eine ausgediente, unbrauchbare Kreuzerjacht in Kauf genommen, nur weil sie „größer war und eine richtige Kajüte dazu hatte". Auf die Größe des Bootes kommt es für familienlose Segler am wenigsten an, und wir können jeden, der das Geld hat zu einer modernen Jolle, nur davor warnen, sich statt dessen einen alten, größeren „Kahn" anzuschaffen, falls er nicht etwa zu den oben erwähnten einseitig veranlagten Seglern oder gar zu denen gehört, die ein gutes Frühstück und Becherlupf und einen Dreimännerskat für Zweck und Ziel des Segelsports ansehen. Einen Kreuzer sollte sich nur der anschaffen, der sich außerdem daneben ein kleines Boot zum Nachmittagsegeln (und für Wettfahrten) leisten kann oder das Geld zu einem stets rennfähigen Kreuzer hat. Sonst wird ihm die Sehnsucht nach der einstigen Jolle und der neidvolle Blick nach dem flinken und handigen Boot oft genug die reine Freude an dem „richtigen großen Kreuzer" trüben. Wir glauben zu wissen, daß die Jolle dem wirklichen Segler mehr gibt als der Kreuzer allein — Kreuzer und Jolle geben natürlich noch viel mehr.

So wollen wir denn also in diesem Büchlein nur die Jolle in den Kreis unserer Betrachtungen ziehen.

2. Die Eigenart der Schwertjolle.

Zuerst wollen wir aber für den Anfänger noch die Frage beantworten: Wodurch unterscheidet sich die Jolle von allen übrigen Bootstypen? Nicht die Kleinheit des Bootskörpers kann das Charakteristikum sein; denn es gibt Jollen von 9 m größter Länge und richtige Kreuzer von nur 7 m und vielleicht noch darunter. Vom Kreuzer unterscheidet sich die Jolle zunächst durch das Fehlen der fest eingebauten Kajüte, von allen übrigen Jachten aber dadurch, daß sie ein im wesentlichen auf Formstabilität gebautes Fahrzeug ist, während die Jacht, d. h. das Kielboot seine Stabilität in der Hauptsache dem am Kiel angebolzten Ballast, also dem Gewicht verdankt. Von den aus dem Ruderboot entwickelten Typen*) unterscheidet sich die Jolle andrerseits durch ihre größere Breite; wir rechnen zu den Jollen nur Boote, bei denen die Breite etwa $1/4$ ihrer größten Länge oder mehr beträgt.

Das Fehlen des am langen Hebelarm hängenden Gewichtes bringt es mit sich, daß jede Jolle kenterbar ist. Aus dieser Möglichkeit wird vielfach, namentlich von Laien und weiblichen

---

*) Hierzu gehört vor allem die moderne Segelgig, die, aus dem Ruderboot entstanden, ein Kompromiß zwischen Ruder- und Segelboot darstellt. Daraus erklärt sich ihre Eigenart, ihre Vorzüge und ihre Nachteile. Wir behandeln im folgenden nur die Boote, die ihrem Wesen und ihrer Entstehung nach als reine Segelboote anzusprechen sind, um so mehr, als die in den letzten Jahren möglichen Vergleiche den schlüssigen Beweis dafür erbracht haben, daß die Jolle der gleichbesegelten Gig bei jedem Wetter an Schnelligkeit unter Segeln überlegen ist.

Beratern, die Gefährlichkeit des Segelns im Schwertboot hergeleitet. Daher erscheint es angezeigt, den jungen Freund des Wassers gleich darauf hinzuweisen, daß für den wirklichen Segler, der er doch auch werden will, in der Kenterbarkeit keine Gefahr liegt. Die in den Tageszeitungen angezeigten Unglücksfälle gehen beinah ausschließlich auf das Konto unerfahrener und leichtsinniger Sonntagsfahrer, an denen der Sport keinen Teil hat.

Die Jolle hat vor anderen Fahrzeugen den großen Vorzug, daß sie auch in gekentertem Zustande schwimmfähig bleibt. Es sollte aber unter allen Umständen darauf gehalten werden, daß sie auch ihre Mannschaft dann noch trägt, was keineswegs immer der Fall ist. Alle Boote, bei denen am Holz gespart ist, und solche, die toten Ballast (für Küstengewässer) mit sich führen, brauchen unbedingt verzinkte Luftkästen (oder als billigeren Ersatz gut verlötete Lackkannen.) Wir raten jedem, an einem warmen Sommertag sein Boot einmal künstlich in

flachem Wasser zum Kentern zu bringen und dessen Schwimmlage praktisch zu erproben, um im Falle der Not nicht überrascht zu werden. Ein gut schwimmfähiges Boot bietet auch im Falle des Kenterns, der überhaupt selten eintritt oder wenigstens bei wirklichen Seglern selten genug eintreten sollte, keinerlei Gefahren, wenn die Mannschaft am Boot bleibt. Dies sei allen Anfängern in unserem Sport nachdrücklichst versichert.

3. Der Rumpf.

Für die Formengebung der Jolle hat sich auf Grund der reichen Erfahrungen, die in dem letzten Jahrzehnt möglich waren, ein in allen Äußerlichkeiten einheitlicher Typ herausgebildet. Während man früher einfach die vom Jachtbau her gewohnten Formen auf das Schwertboot übertrug und die Jolle gewissermaßen als eine Art Zwergjacht konstruierte und baute, hat nunmehr das Schwertboot sich die seinem Wesen eigentümliche Form geschaffen. Äußerlich zeigt sich dies schon in der Beschränkung der Überhänge, die bei den Jachten durch ein ganz bestimmtes Meßverfahren für Rennzwecke großgezüchtet waren, in dem gerade verlaufenden Steven, dem völligen Heck und dem über den Spiegel geführten Ruder. Alles dies erklärt sich aus dem Wesen des Schwertbootes, das ohne Ballast in der Hauptsache auf seine Formstabilität angewiesen ist.

Hinter dieser für den oberflächlichen Beobachter einheitlichen äußeren Form der modernen Jolle verbirgt sich aber eine überraschend große Vielgestaltigkeit der Linienführung, die schon bei der Spantform beginnt und sich in den Wasserlinien usw. noch deutlicher zeigt. Die praktischen Versuche haben nirgends zu irgendwelcher Überlegenheit einer bestimmten Spantform geführt. Von der extremen Form des U-Spantes mit einer harten, nur wenig gerundeten Kimm sind auch heute noch alle Möglichkeiten bis zum ebenso extremen V-Spant mit ganz spitzem Unterwasserschiff vorhanden.

Es sei hier für den Anfänger in unserem Sport, für den die Konstruktionszeichnung eines Bootes, der „Riß", noch ein Buch mit sieben Siegeln ist, gleich das Wesentlichste zu dessen Verständnis mitgeteilt.

Solange man vom Wesen der Linien und von dem Einfluß einer bestimmten Linienführung auf die Eigenschaften des Bootes nichts oder wenig versteht, tut man gut daran, sich auf das Betrachten der Seitenansicht, des Decksplans und des Segelrisses zu beschränken. Diese stellen den Körper des Bootes dar und sind auf jeder Zeichnung auch für den Anfänger unschwer zu erkennen. Die im 2. Teil abgebildeten Zeichnungen geben ein ausgezeichnetes Studienmaterial für die Möglichkeiten der Raumverteilung bei einer Jolle. Durch die wiederholt beigegebenen Photographien kann man sich gleichzeitig ein Bild davon machen, wie die im Riß vorliegenden Besonderheiten sich in Wirklichkeit ausnehmen.

Im allgemeinen wird man eine möglichst geräumige Plicht (Kokpit, Sitzraum) auf jedem Boot, das auch für Wanderfahrten gedacht ist, zur Bedingung machen, zumal ein Teil dieser Plicht ohnedies durch den Einbau des Schwertkastens in Anspruch genommen ist. Eine gewisse Mindestgröße der vorderen Eindeckung ist aber unter allen Umständen einzuhalten, um nicht ein allzu nasses Segeln in kräftigem Seegang mit in den Kauf nehmen zu müssen, und eine seitliche Eindeckung von 15—20 cm ist erforderlich, um bei plötzlichen harten Krängungen des Bootes nicht gleich Wasser in die Plicht zu segeln.

Hinsichtlich des Freibords, d. h. der seitlichen Höhe des Bootsrumpfes, gemessen vom Wasserspiegel bis zum Deck, hat die Entwicklung eine Einigung auf einer gewissen mittleren Linie ergeben. Den alten außerordentlich hochbordigen Jollen aus der Kinderzeit des Kleinsegelsports stellten die ersten Jahre moderner Entwicklung sehr flachbordige Fahrzeuge entgegen. Man berief sich hierbei darauf, daß ein möglichst niedriger Freibord eine viel günstigere Wirkung des lebenden Hochbordballastes gestatte und daß daher die Sicherheit der Boote ebenso vergrößert werde wie ihre Schnelligkeit infolge des geringeren Luftwiderstandes. Die Erfahrung zeigte dann aber, daß diese Boote bei einiger Brise gar zu schnell ihr Leedeck unter Wasser segelten und in grobem Seegang mehr Wasser über Deck nahmen, als ihnen zuträglich war. Man ist deshalb doch zu einer — im Vergleich zu den älteren Typen allerdings immer noch geringen — Vergrößerung des Freibords gekommen, so daß für kleinere Jollen etwa 35 cm Freibord die Regel sein dürften.

So viel vom Bootskörper selbst. Es muß aber auch dem Anfänger schon dringend geraten werden, sich nicht auf das Betrachten und Abwägen der Äußerlichkeiten allein zu beschränken, sondern von vornherein auch die Linien des Bootes selbst zu beachten. Denn wie es sich ja in der Ehe für gewöhnlich zu rächen pflegt, wenn man nur die körperliche Schönheit in Betracht zieht, so auch beim Boot. Und das Schlimme ist, daß hier wie dort die seelischen Vorzüge weit schwerer zu erkennen sind. Darum sollte sich jeder Anfänger systematisch im „Lesen" von Rissen üben.

Die Seele des Bootes prägt sich in den eigentlichen Linien aus, die sich aus einer beliebigen (möglichst großen) Zahl von vertikalen Querschnitten (Spanten), horizontalen Schnitten über und unter Wasser (Wasserlinien) und vertikalen Längsschnitten (in die Seitenansicht des Bootes eingezeichnet) zusammensetzen. Häufig sind auch noch schräge Schnitte, sog. Senten, oder die Schwimmwasserlinie für eine bestimmte Neigung des Bootes, etwa bei 45°, eingezeichnet. Von den Spanten ist das wichtigste das sogenannte Hauptspant, der an der größten Breite des Bootes erhaltene Querschnitt, von den Horizontalschnitten die Schwimm- oder Konstruktions-Wasserlinie (C. W. L.). Im Spantenriß sieht man das Boot auf der einen Seite (rechts) gewissermaßen von vorn bis etwa zur Mitte, auf der andern Seite von achtern wieder bis zu derselben Linie. Alle diese Schnitte stehen natürlich in innerer Beziehung zueinander, dergestalt, daß man z. B. keinen Querschnitt ändern kann, ohne gleichzeitig den Längsriß zu ändern, und daß man umgekehrt aus zwei Schnittsystemen (z. B. Spantenriß und Seitenansicht) das dritte (die Wasserlinien) ableiten kann. Eine gute Vorübung zum Verständnis der Linienrisse ist es, wenn man nach verschiedenen Spantenrissen z. B. die Schwimmwasserlinie selbständig zu konstruieren versucht und das Ergebnis nachher mit der vom Konstrukteur angegebenen Linie vergleicht.

An und für sich gilt der Satz, daß schlanke Wasserlinien für die Schnelligkeit eines Bootes am günstigsten sind. Für ein Segelboot liegen aber die Verhältnisse insofern recht kompliziert, als der Konstrukteur nicht (wie etwa beim Motorboot) darauf rechnen kann, daß das Boot stets annähernd in derselben Lage fährt. Er muß also ein möglichst günstiges Kompromiß zwischen den Eigenschaften des aufrecht segelnden und denen des gekrängten Bootes zu schließen versuchen. Der geübtere Leser wird schnell erkennen, welche der dargestellten Boote aufrecht und welche mit größeren Neigungen am besten segeln. Der Konstrukteur muß weiter eventuell auf gutes Arbeiten im Seegang und auf möglichst trockenes Segeln Rücksicht nehmen. So sind die für Gewässer mit wenig Seegang günstigsten Formen ganz wesentlich verschieden von den Formen guter Boote für große Gewässer und für die Küste, und andererseits verlangt ein freiliegendes Revier mit starken Winden andere Bootsformen und eine andere Takelage als abgedeckte Seen oder Gewässer, auf denen leichte Winde vorherrschen.

Ein Vergleich der verschiedenen Risse wird dem aufmerksamen Betrachter bald die kennzeichnenden Abweichungen zeigen und ihm die Wirkungen verschiedenartiger Linien klarmachen, da die abgebildeten Boote sämtlich dem Zweck, für den sie gedacht sind, in guter Weise entsprechen.

15 qm-Jolle im Prahmtyp.

4. Die Takelung.

Die Frühzeit der modernen Jolle fiel in die Zeit der Segelversuche im deutschen Segelsport. Durch das Erscheinen amerikanischer Sonderklassenjachten mit ihrem für deutsche Verhältnisse ganz unerhörten, bauchigen Segelschnitt, mit ihrer starken Betonung der Großsegelfläche im Verhältnis zum Vorsegel war die deutsche Segelmacherkunst und das Interesse der Sportsegler für diese Fragen aus einem jahrelangen Schlummer gestört worden. Allenthalben erkannte man wieder den großen Einfluß, den die Wahl der Takelung und die Form des Segels auf die Segeleigenschaften des Bootes ausübt, und es begann eine Zeit rastlosen und erfolgreichen Erprobens.

Hiervon durfte auch der deutsche Kleinsegelsport profitieren. In den ersten Jahren seiner neuen Entwicklung stand noch das Luggersegel, das nur an einem Fall vorgeheißte, viereckige Segel, ernstlich zur Debatte. Es hatte zahlreiche Verteidiger namentlich unter den Wanderseglern, die ihm eine gewisse bequeme Handhabung trotz des schwierigen Setzens und Bergens bei strammer Brise nachsagten (vgl. den Riß S. 68). Es ist allmählich fast ganz verschwunden und wurde durch die Cat-Takelung ersetzt (vgl. z. B. S. 71), die schließlich die Jollen bis zu 20 qm Segelfläche hinauf eine Zeit lang beherrschte.

Daneben machte sich von vornherein eine starke Strömung zugunsten des gaffellosen Segels, der sogenannten Markoni-Takelage (so genannt wegen ihres hohen Mastes mit den vielen

Abstagungen) geltend. Auch heute noch hat diese Segelform ihre erklärten Freunde, die ihr günstige Eigenschaften und bequeme Handhabung nachsagen. Ebenso viele Segler aber haben sie nach kurzer Erprobung wieder verworfen, weil sie die erhofften Vorzüge ihrer Meinung nach nicht bestätigt fanden. Tatsächlich hat sich irgendeine Überlegenheit dieser Segelform in der Kleinsegelei bisher nirgends gezeigt, und die Wahl dieser oder jener Segelform hängt für stabile Boote vom Geschmack des Seglers ab.

Noch vor wenig Jahren war es etwas ganz Außergewöhnliches, wenn eine 15 qm-Jolle als Slup getakelt auf dem Felde erschien. Man sah in ihr nichts anderes als eine der bisweilen noch auftretenden und sonst mit Recht bekämpften Nachbildungen des Großsegelsports, man glaubte, daß das Catboot bei so kleiner Segelfläche ganz entschieden überlegen und dabei handiger sein müßte. Diese Ansicht hat sich gründlich geändert. Der Wert und die Bedeutung der Fock für die Am-Wind-Arbeit in frischer Brise ist auch bei kleinen Booten durch die Erfahrungen erwiesen, und so ist man denn heute dazu übergegangen, alle Jollen von 15 qm Segelfläche aufwärts Slup zu takeln, wenn sie nicht als ausgesprochene Flautenläufer gelten sollen.

5. Die Jolle als Reiseboot.

Das Fehlen des festen Kieles macht die Jolle zu dem idealen Wanderboot für Binnengewässer, da der Tiefgang von 10 bis 20 cm ein bequemes Landen beinah überall gestattet. Infolgedessen stehen der Jolle auch fast alle abseits von der großen Heerstraße liegenden, kleinen Wasserläufe offen, die jedem tiefer gehenden Fahrzeug verschlossen bleiben, aber meist gerade die reizvollsten sind. An weiteren Vorzügen, die das kleine Boot schon an sich zum guten Reiseboot stempeln, sind vor allem zu nennen: schnelles Auf- und Abtakeln, das bei beschränkter Zeit ein wichtiger Faktor für den Genuß etwa eines schönen Sommerabends ist, und leichte Fortbewegung durch Riemen in abgedecktem Revier oder bei abflauendem Winde.

Es kommt nun natürlich darauf an, daß all diese Vorzüge nicht durch eine ungeschickte Konstruktion wirkungslos gemacht werden. So ist es wenig empfehlenswert, den Tiefgang durch festes Totholz oder durch ein unter dem Boden aufgehängtes tiefgehendes Ruder künstlich zu erhöhen, wo nicht etwa in erster Linie an ein Segeln in tiefem und freiem Wasser gedacht ist. Das Ruder wird zweckmäßig über Heck geführt, und durch Anordnung eines aufholbaren Blattes wird die Möglichkeit gegeben, auch an den flachsten Stellen zu landen. Es ist ungemein bezeichnend, wie sehr sich die Kleinsegler anfangs gegen diese Art der Ruderanordnung sträubten, weil sie ihnen das „jachtmäßige" Aussehen der Boote zu vernichten schien. Man behalf sich in der Übergangszeit damit, daß man einen besonderen Kasten (ähnlich dem Schwertkasten) anordnete, um das unter dem Kiel aufgehängte Ruder beim Landen aufholen zu können. Erst ganz allmählich — mit der zunehmenden Erkenntnis vom praktischen Wert des über Heck hängenden Ruders und mit der Abkehr von der bedingungslosen Anbetung des „Zwergjacht-Typs" — wandelte sich auch der Geschmack. Und heute sind wir glücklich so weit, daß man das unter dem Kiel aufgehängte Ruder bei kleinen Schwertbooten als „unschön" und unsportlich ansieht. Wer diese Entwicklung mit erlebt hat, wer wie wir noch vor 10 Jahren mit der Empfehlung des Ruders über Heck auf den Widerstand fast aller sogenannten Kleinsegler stieß, der kann sich heute kaum eines leisen Lächelns über den konservativen Sinn des deutschen Seglers erwehren. Aber die Geschichte beweist ja auch hier wieder, daß alt eingewurzelte Vorurteile schließlich über Nacht von der besseren Einsicht besiegt werden. —

Für Wanderfahrten ist die Handigkeit der Takelage von ausschlaggebender Bedeutung. Es sollte für etwaiges Alleinsegeln darauf Bedacht genommen werden, daß das Setzen und Bergen des Segels bequem durch einen Mann, und zwar sowohl von Deck wie von der Plicht aus, vorgenommen werden kann. Auch auf freiem Wasser, z. B. bei einer aufziehenden schweren Bö, ist das leichte Ablaufen aller Teile (große Blöcke, dünne Fallen, am besten Draht!) eine wichtige Sache.

Über die praktischste Masteinrichtung gehen die Ansichten der Turensegler auseinander. Die einen halten für kleine Boote einen leichten Steckmast (mit Luggersegel), die andern einen Klappmast für empfehlenswert. Jedenfalls sollten möglichst wenig Schäkel zum Mastlegen zu lösen sein, namentlich sollte das Vorstag beim Klappmast in ein über Blöcke geschorenes Ende auslaufen, wodurch man meist den Mast mit stehendem Zeug klappen kann.

Die letzte der oben aufgezählten Forderungen, leichte Fortbewegung durch Riemen, verlangt ein Boot mit guten Raumschotseigenschaften. Gerade hiergegen ist bei den Jollen, wie sie in vergangenen Jahren unter den Händen mehr oder weniger geschickter Bootsbauer entstanden sind, sehr viel gesündigt worden. Deshalb soll bei der Konstruktion eines Turenbootes für Binnengewässer diese Forderung mit obenan stehen. Es gibt nichts Angenehmeres, als wenn das Boot auch bei abflauendem

23

Winde unaufhaltsam seinem Tagesziel zustrebt, und nach Eintritt der Totenflaute leicht mit den Riemen die letzten paar Kilometer durchs Wasser zu bringen ist. Viel abendlicher Ärger, der nicht gerade zur Würze der Tur beiträgt, wird dadurch erspart.

Dies alles sind Tureneigenschaften, die jedes Schwertboot gewissermaßen seinem Wesen nach in sich birgt oder doch in sich bergen könnte und sollte. Darüber hinaus verlangt man aber nun von einem Boot, das auf Tage und Wochen ein schwimmendes Heim sein soll, einen gewissen Grad von Wohnlichkeit und Bequemlichkeit. Hierfür seien im folgenden einige praktische Winke gegeben, wenngleich der Begriff der Wohnlichkeit auf so kleinen Booten ebenso umstritten ist wie der der Behaglichkeit in den vier Wänden unseres stehenden Heims. Zweierlei sei gleich vorweggenommen. Erstens: Jeder echte Sport will seine Jünger von Kultur und Überkultur zur Natur zurückführen. Wem also nicht soviel Bedürfnislosigkeit gegeben ist, daß er für ein paar Wochen mit allem Notwendigen und wenigem Wünschenswerten fürlieb nehmen kann unter Hintansetzung aller gewohnten Bequemlichkeiten, der ist vielleicht für ein Hausboot, aber nicht für die Jolle geboren. Und noch ein zweites: Auf einer Jolle darf nichts fest eingebaut sein, was nur für längere Turen Zweck und Sinn hat. Denn am häufigsten wird die Jolle naturgemäß zu Nachmittags- und Tagesfahrten benutzt; und daher darf nichts in ihr und an ihr fest angebracht sein, das nicht hierfür den Berechtigungsschein mit sich führte.

Das hindert nicht, daß bei der Konstruktion des Bootes bereits auf eine leicht einzuordnende, vollständige Tureneinrichtung gebührend Rücksicht genommen wird.

Jede Jolle läßt sich bei einiger Umsicht und Fertigkeit ohne kostspielige Einbauten so weit herrichten, daß sie auch für eine mehrwöchige Fahrt ein bequemes Unterkommen gestattet. An der Vervollkommnung des durch ein Persenning über der Plicht ausgespannten Zeltes arbeiten findige Köpfe schon, seit einer den Mut fand, zum ersten Male im offenen Boot auf die Wanderschaft zu gehen. Wir geben in den folgenden Skizzen einige Möglichkeiten für zweckmäßige Anordnung solcher „Zeltkajüten".

Der erste Entwurf verdient Beachtung durch die geschickte Verbindung einer Spritzkappe mit einem Zelt. Die Spritzkappe erfreut sich bei wenig gedeckten Booten mit Recht einer steigenden Beliebtheit, da sie bei schwerem Wetter eine schnell anzubringende, weitreichende Eindeckung ermöglicht, ohne daß man bei schönem Wetter den besten Teil der Plicht dranzugeben braucht, wie dies durch ein so weit reichendes, festes Deck nötig wäre. Zelt und

Spritzkappe sind bei der hier dargestellten Anordnung durch eingespannte Rohrstäbe im Dach rund gestaltet, so daß sich ein breites, im Querschnitt fast rechteckiges Zelt ergibt. Über den Polsterbänken ist noch bequeme Sitzhöhe. Die Schlafplätze liegen unter der Spritzkappe im vorderen Teil der Plicht.

Die zweite Abbildung stellt eine Weserjolle mit einem Rundzelt dar, das durch drei verzinkte Flachstahlstäbe hergestellt ist, die in flache, am Bordrand befestigte Hülsen gesteckt sind. DieseFlachstahlbügel haben gegenüber den Rohrstäben den Vorzug, daß sie nach dem Abnehmen unbedingt in ihre ursprüngliche Lage wieder zurückgehen und sich deshalb leicht verstauen lassen.

Der dritte Entwurf sieht runde Eisenbügel vor, die sich im Vorschiff unter Deck wegstauen lassen. Man erkennt hier ohne weiteres, daß sich ein solches Rundzelt äußerst behaglich einrichten läßt und daß auch hier „Wohnraum" und „Schlafzimmer" getrennt werden können.

Wenn man sich mit dem üblichen, über den Großbaum gedeckten Persenning begnügen will, so empfiehlt es sich, auf Sitzhöhe unter dem entstehenden dreieckigen Zelt Wert zu legen. Es ist hierbei zu beachten, daß dann das Großsegelpersenning innerhalb des Zeltraumes liegt und dessen lichte Höhe erheblich verringert. Dies wird meist übersehen, und man kann dann in solchem Zelte überhaupt nicht sitzen, sondern muß die auf die Dauer höchst unbequeme kauernde Stellung einnehmen. In dem

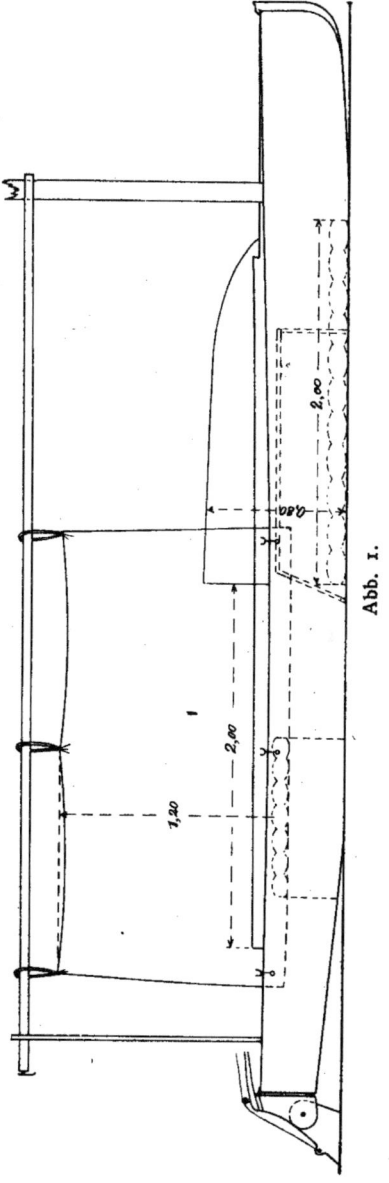

Abb. I.

vierten Entwurf sind die übliche Höhe und eine wirklich zweckmäßige Höhe des Zeltes einander gegenübergestellt. Die dabei vermerkten Maße verstehen sich für eine 6 m-Jolle. Für die erforderliche Höhe sind keine Sitzbänke, sondern nur flache Kissen zugrunde gelegt. Auch hier kann man das Zelt noch wesentlich geräumiger gestalten, wenn man über den Großbaum quer zur Schiffsrichtung Rohrstäbe oder starke Weidenruten legt, die das Zelt oben spannen. —

Jolle mit Zeltkajüte.

Der fünfte Entwurf zeigt ein sogenanntes Kajützelt, das sein Erfinder Herr Kralik folgendermaßen beschreibt:

Der feste Aufbau besteht aus zwei 7 mm starken, hinten 35 cm, vorn 20 cm hohen Brettern, die, wie die Einzeldarstellung zeigt, beiderseits auf den Setzbord aufgeklemmt werden. Der vordere Abschluß besteht aus einem 10 cm starken Brett, das vor dem Mast aufgestellt, zwischen zwei auf die Seitenbretter innen aufgeschraubte Führungsleisten eingeschoben wird. Durch zwei entsprechend gebogene Bandeisenstückchen werden dabei gleichzeitig die beiden Seitenwände zusammengehalten. Die Firstleiste des Kajütdaches besteht aus einer zweimal 4 cm starken Latte, die an dem Mast mit einer aus starkem Bandeisen gefertigten Klau angreift und in entsprechende Aussparungen des Stirnbrettes eingreift. Man kann unter Umständen auch den Spinnakerbaum dazu benutzen. Dadurch wird einerseits die vordere Höhe der Kajüte festgestellt und andererseits ein Ausweichen der Klau nach hinten verhindert. Die Achterstütze der Firstleiste ist eine zweimal 4 cm starke Latte, die mit einem Zapfen in den Schwertkastenschlitz eingesetzt wird und oben in einer Gabelung die Firstlatte aufnimmt. Die Höhe des Stirnbrettes und der Stützlatte richten sich nach der festzustellenden Höhenlage des Großbaumes unter Deck.

Über das Ganze wird als Dach ein 1,75 × 1,55 bzw. 1,15 m messendes Stück starken Persenningstoffes mittels Zurrleine an Knöpfen der Seitenwände und der Stirnwand festgeschnürt. In die Seitenwände und in die Stirnwand eingelassene Bullaugen gewähren Licht und Auslug.

Als sechsten und letzten Entwurf geben wir die Zelteinrichtung „Wandergesell" wieder.

Die Abbildung läßt alles Wesentliche erkennen. Nach achtern wird das Zelt mit der Spannleine Sp fest ausgeholt und dann an den Zeisingen Z über den recht hoch gestellten Großbaum hochgebunden. Das Zelt hat über der Steuerducht gute Sitzhöhe, was zum An- und Auskleiden sehr angenehm ist. Will man das Zeltdach niedriger haben, so läßt man einfach die Spannschnur und Zeisinge etwas loser. Es ist dies bei kalten Nächten sehr empfehlenswert. Achtern wird die sich etwas überlappende Leinwand durch eine Verschnürung geschlossen. Das straffgespannte, von vorn allmählich ansteigende Zelt läßt den Wind gut abstreichen,

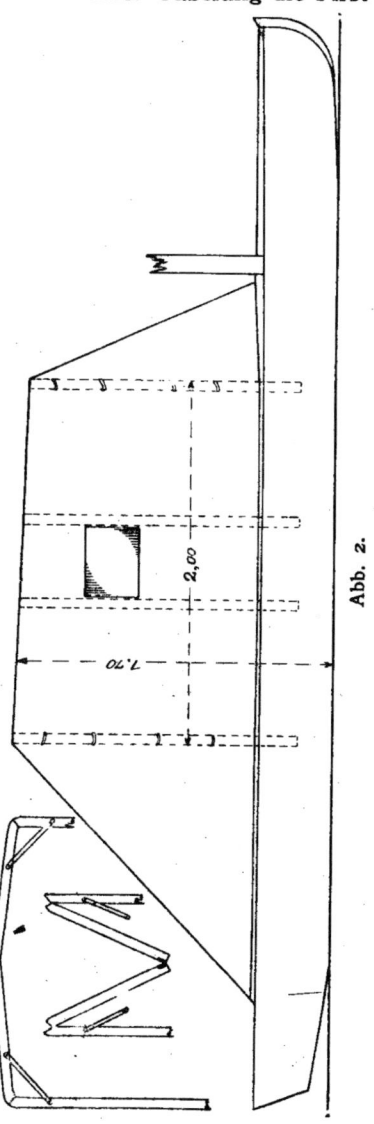

Abb. 2.

das übliche, die Nachtruhe störende Geklapper der Zeltwand fällt ganz fort.

Weitaus die meisten Jollensegler sind nicht so mit Glücksgütern gesegnet, daß ihnen ein paar tausend Mark bei der Anschaffung des Bootes nichts ausmachen. Wenn für gelegentliche Wanderfahrten eine kostspielige Inneneinrichtung unentbehrlich

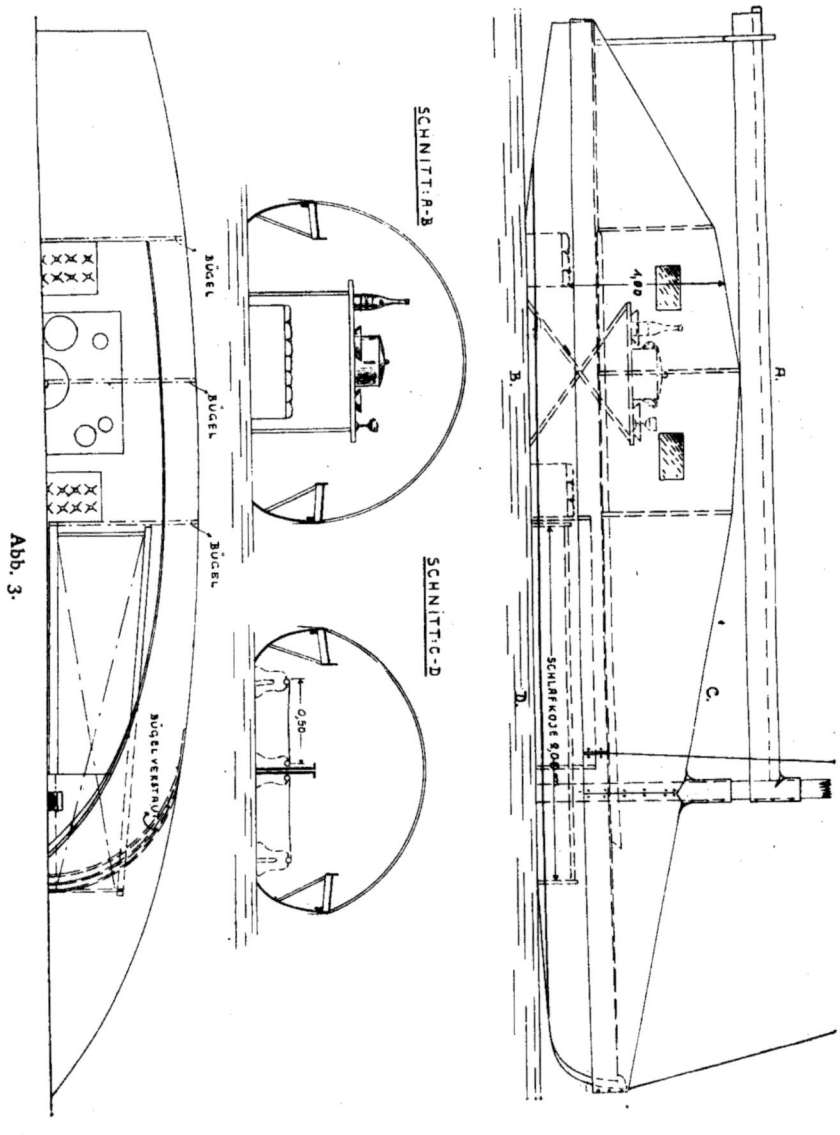

Abb. 3.

wäre, so wäre ihnen die Anschaffung eines kleinen, wirklichen Reisebootes überhaupt unmöglich. Weitaus die meisten Jollensegler gebrauchen fernerhin ihr Boot in erster Linie für Tages- und Halbtagsfahrten. Wenn sie da immer den Ballast ihrer Reiseausstattung mit sich herumführen sollten, so würde ihnen bald die Lust vergehen.

Die Umwandlung einer Jolle in ein bequemes Reiseboot ist aber, wie jeder erfahrene Kleinsegler weiß, in der Tat eine verhältnismäßig recht einfache Sache.

Als Schlafgelegenheit wählte man früher meist Polstermatratzen, die aber nur für Segler, die auf harter Unterlage zu schlafen gewöhnt sind, zu empfehlen sind. Gewöhnliche Sterbliche pflegen sich auf Matratzen krumm und lahm zu liegen, und durch mangelnde Nachtruhe kann auch der Genuß der schönsten Wanderfahrt stark beeinträchtigt werden. Ein wesentlich bequemeres Nachtlager läßt sich durch die Verwendung von Klappkojen herrichten. Wir kennen

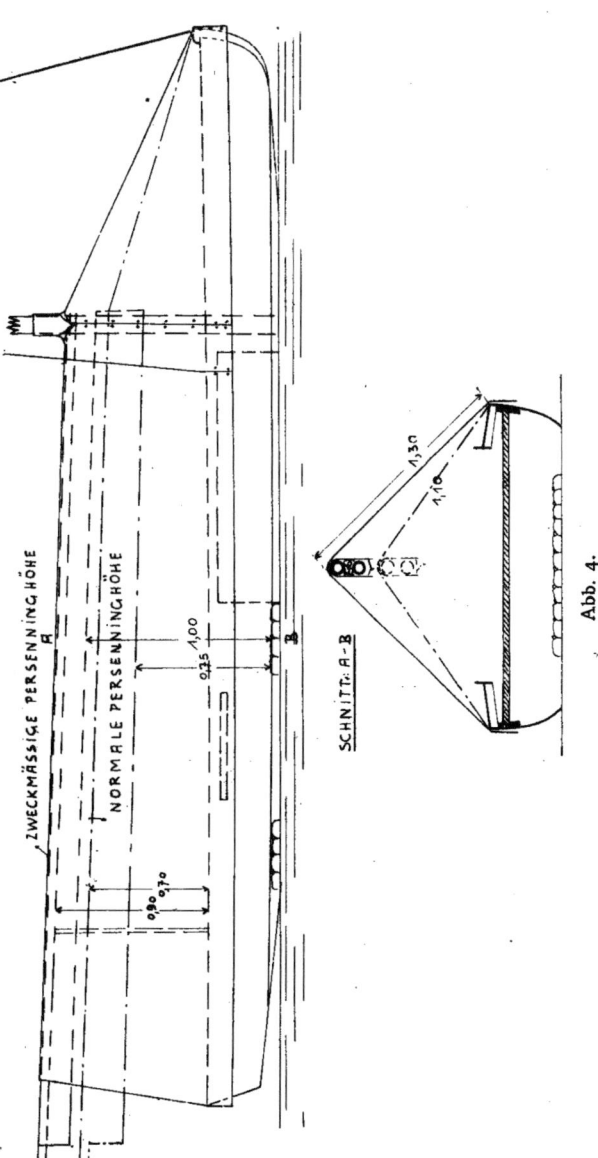

Abb. 4.

ältere Segler, die auf der „weichen" Matratze kein Auge zutun konnten und in einer Klappkoje sofort in Morpheus' Armen ruhten.

Die Anordnung läßt sich verschieden gestalten, je nachdem man die Kojen ausschließlich im Boot oder von Zeit zu Zeit auch einmal an Land verwenden will. Im ersten Falle empfiehlt es sich, namentlich auf schmaleren Booten, wo der Raum so wie so beengt ist, die Stützen für die Seitenstangen fest einzubauen, im letzteren Falle wählt man am besten zerlegbare Stützen von der angedeuteten Form. Über das zweckmäßigste Material zu den Längsträgern gehen die Meinungen unseres Wissens auseinander. Wenn man Gasrohr oder der Gewichtsersparnis halber Mannesmannrohr wählt, so darf man den Stoff nicht völlig straff spannen, da die Röhren ja nur sehr wenig nachgeben. Wie lose

Jolle mit Kajützelt.

aber der Stoff gespannt sein muß, um gerade ein bequemes Lager und keinen Beutel zu ergeben, in dem man wie in einer Falle liegt — das ist sehr schwierig zu treffen. Bei der Wahl von starken Holzstäben regelt sich diese Spannung von selbst; man spannt bei der Anfertigung den Stoff einfach so straff wie möglich, und die Durchbiegung der Holzstäbe ergibt dann ein Nachlassen des Stoffes so weit, daß eine bequeme Lagerstätte daraus wird.

Wenn man die Füße noch besonders gegen Kälte und gegen ein Verschieben der Decken sichern will, so tut man gut, unten eine Art Tasche in den Stoff zu nähen, so daß das Ganze die Form eines halb offenen Schlafsackes erhält. Eine solche Kojeneinrichtung wird ganz erheblich billiger als die früher gebräuchlichen Matratzen, und sie hat den großen Vorzug, daß sie zur weiteren Verbilligung ohne wesentliche Schwierigkeiten von der Frau des Hauses, oder wo selbige noch fehlen sollte, auch von der kunstfertigen Hand des Seglers selber hergestellt werden kann. Es sind ja lediglich die beiden seitlichen Säume für die Aufnahme

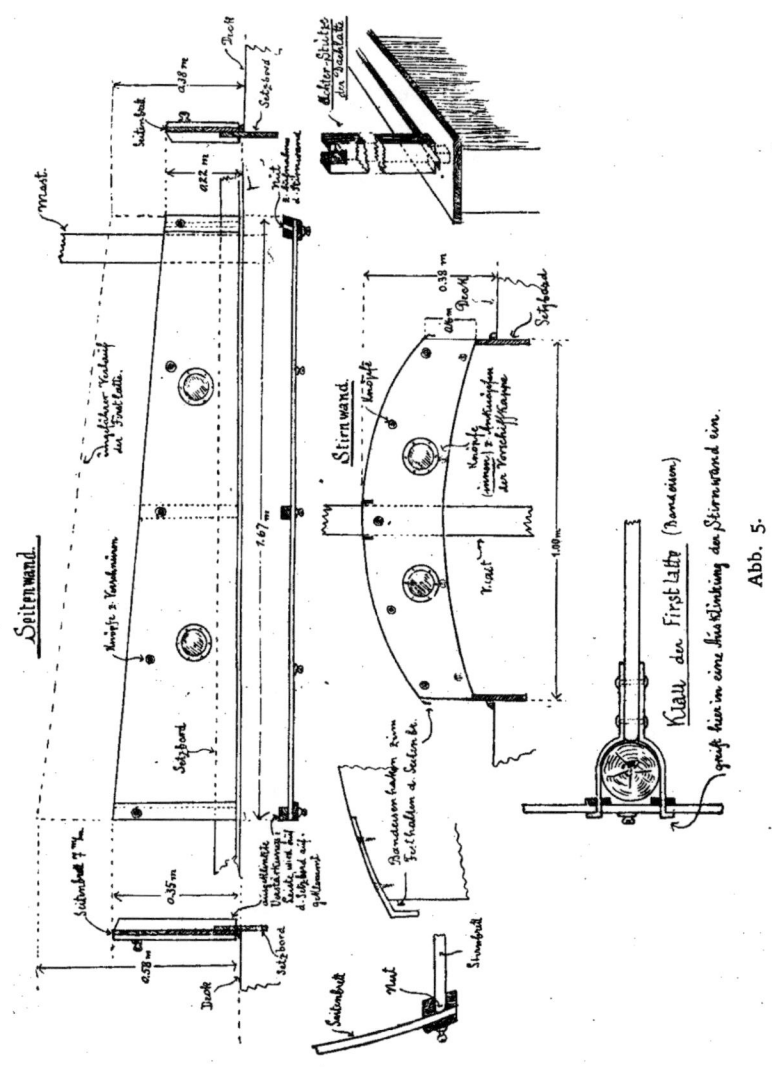

Abb. 5.

der Holzstäbe zu nähen, und wenn man es sehr gut machen will, noch die schlafsackähnliche Tasche.

Die Aufstellung der Kojen im Boote ist immer sehr leicht zu bewerkstelligen, wenn nicht etwa feste Längsduchten mit Streben angeordnet sind. Diese halten wir überhaupt nicht für zweckmäßig, da sie den Raum in der Plicht auch sonst recht einengen. Die Sitzgelegenheiten auf einer echten, rechten Reisejolle müssen überhaupt durch möglichste Mannigfaltigkeit für die auf längeren Fahrten unbedingt nötige Abwechslung in der Sitzlage sorgen. Es empfehlen sich hierbei drei Stufen. Als flachste Lagerstätte zum „Aalen" in halbliegender Stellung und zum Nachmittagsschläfchen, falls man dieses nicht an Land genießen will, müssen Kissen, etwa 2 von je 1 m Länge oder mehr an Bord sein. Wem es auf die Kosten nicht gar zu sehr ankommt, wählt als Stoff hierfür Pegamoid und läßt sie sich beim Tapezierer

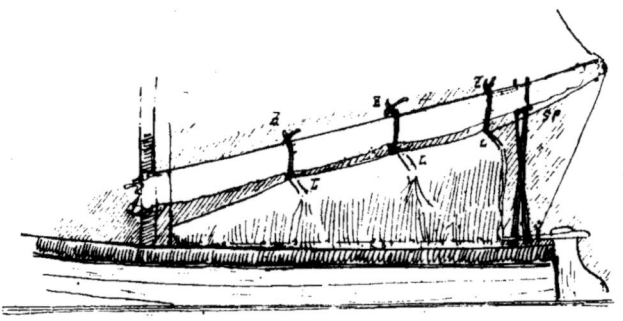

Abb. 6. Zelt „Wandergesell".

fertig machen. Bekanntlich bildet Pegamoid einen vorzüglichen Lederersatz, ist sehr widerstandsfähig, abwaschbar und vor allem wasserdicht. Überdies ergibt ein tiefroter oder olivgrüner Pegamoidüberzug so etwas wie Farbenfreudigkeit in der nüchternen Plichteinrichtung und trägt dadurch zur Behaglichkeit bei.

Erheblich billiger kann man sich solche Kissen natürlich auch selbst aus altem Persenningstoff mit Seegras- oder Indiafaserfüllung herstellen. Man näht zu diesem Zwecke am besten das Seegras vorher in einen Beutel aus leichtem Baumwollstoff, verfestigt es hierin vermittels Durchnähen gegen das nachher höchst unerwünschte Verschieben und Zusammenrutschen, und schiebt dann das fertige Kissen in die der Größe entsprechend bereits vorher genähte Tasche aus wasserdichtem Stoff.

Da das Schandeck die höchste Stufe der Sitzgelegenheit von selbst abgibt, so fehlen nun nur noch halbhohe Klappsitze oder einlegbare Duchten, wie sie von jeher seitlich am Schwertkasten angebracht zu werden pflegen. Eine bedeutende Vermehrung der Bequemlichkeit läßt sich durch eine einsteckbare Rückenlehne erzielen, die sich, wie angedeutet, unschwer am Schwertkasten anbringen läßt.

Zur echten, rechten Reisejolle fehlen, wenn für Schlaf- und Sitzgelegenheit hinreichend und gut gesorgt ist, nun nur noch

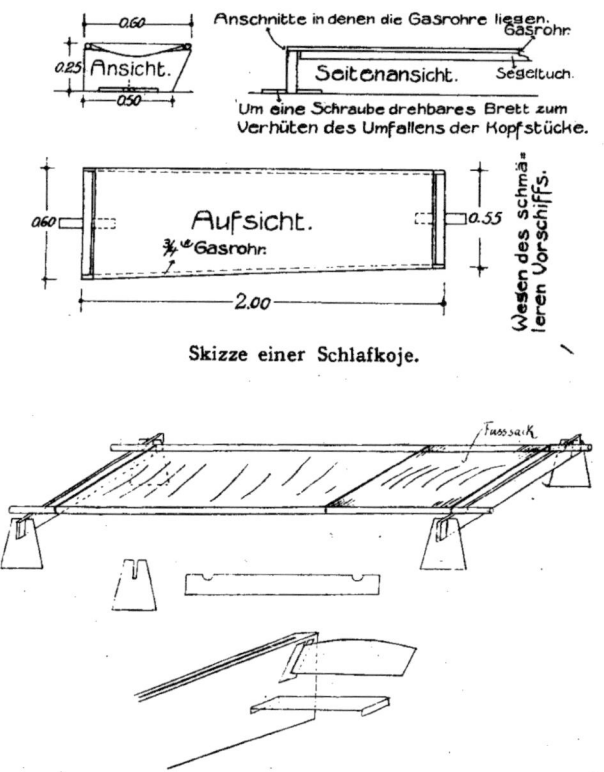

Skizze einer Schlafkoje.

Einzelheiten einer anderen Schlafkoje und einer Rückenlehne am Schwertkasten.

„Unterkunftsräume" für Proviant, Kocher, Kleidung, Handwerkszeug und dergl., kurzum der Stauplan des Bootes. Man wird dieser Frage aber ein um so größeres Augenmerk zuwenden müssen, als die ganze Behaglichkeit einer Wanderfahrt durch ein wüstes Durcheinander des Reisezubehörs, durch Suchen und Fluchen ebenso leicht zuschanden gemacht werden kann, wie durch nasse Kleidung und dergleichen.

Umstritten ist der Begriff des wasserdichten Stauraums. Abgeschottete Räume haben auf den ersten Blick etwas sehr Bestechendes, aber ihre Notwendigkeit ist nicht zu beweisen. Denn welchen Zweck soll ein solcher Raum erfüllen? Doch nur den, daß die verstauten Sachen gegen Regen und gegen Spritzwasser geschützt sind. Dies ist ohne weiteres unter einem wasserdichten Vorderdeck oder auch unter der achterlichen Eindeckung der Fall. Schottet man nun das Vor- oder Achterschiff noch wasserdicht auch gegen das Boot ab, so muß man zur Anordnung eines Deckluks schreiten und stellt dadurch die Wasserdichtigkeit des Stauraumes ganz ernstlich in Frage, denn eine auch auf die Dauer wirklich wasserdichte Deckklappe ist nur sehr schwer zu erreichen.

Es mag bei dieser Gelegenheit auch darauf hingewiesen sein, daß man sich auf die Wasserdichtigkeit hölzerner Schotten, wenn sie einfach durch eine Schicht hergestellt sind, nicht verlassen kann. Und diagonalgebaute Schotten oder Verkleidungen mit Zinkblech sind so teuer, daß man dann, wenn nur die Schwimmfähigkeit des Bootes erhöht werden soll, doch lieber zu den altbewährten Zinkkästen greift.

Uns will es auf Grund langjähriger Erfahrungen als das zweckmäßigste erscheinen, wenn namentlich das Vorschiff gegen das Boot ganz offen ist. Denn so ist am leichtesten der bösen Unordnung im Kokpit zu steuern, man entschließt sich ja bei der bekannten Bequemlichkeit während einer Bootsreise eher dazu, die benutzten Gegenstände einfach unter das Vordeck zu schieben, als wenn man erst Türen aufklappen oder gar herausnehmen muß. Wer gern einen verschließbaren Raum an Bord haben möchte, um seine Kostbarkeiten gegen Diebstahl zu sichern, der wähle hierzu lieber den achterlichen Stauraum oder noch besser einen Schubkasten, der achtern unter Deck eingebaut ist, während im übrigen auch das Achterschiff ohne weiteres vom Boot aus zugänglich ist.

Der Unordnung im Kokpit baut man zweckmäßigerweise durch den Einbau kleiner Kästen unter Deck, sog. „Schwalbennester", vor, wo man die häufig gebrauchten Gegenstände „aus der Hand" legen kann, die sonst nach dem zwingenden Gesetz der Trägheit bestimmt offen im Kokpit liegen bleiben.

Unzweckmäßig erscheinen uns besondere, fest eingebaute Räume für Kocher, Geschirre und dergl. Hierfür empfiehlt sich vielmehr eine feste Kiste, die man in Gestalt der bewährten Stärkekisten verhältnismässig preiswert erstehen kann und die man natürlich dem Ton des Bootsholzes entsprechend anstreicht.

Man kann auf diese Weise ohne viel Umstände auch an Land abkochen, was doch im allgemeinen den Vorzug verdient. Und wenn man die Höhe und Breite der Kiste so wählt, daß man sie mindestens zu einem Teil unter das Vorderdeck schieben kann, so hindert sie während der Fahrt nicht; zur Nachtzeit findet sie dann ihren Platz in den achterlichen, für die Schlafkojen nicht benutzten Räumen des Kokpits oder (bei größerer Besatzung) auf dem Achterdeck.

Mit einer so ausgerüsteten Jolle kann man getrost die nähere und weitere Heimat auf langen Wanderfahrten durchstreifen, ohne mit neidischem Blick jeder begegnenden Kreuzerjacht nachschauen zu müssen. Denn es wird mindestens ebenso viele Lagen geben, in denen der stolze Jachteigner Grund hat, uns zu beneiden; so an jeder Brücke, in jedem waldumkränzten Flußlauf, in jedem engen Verbindungskanal, an den Eingängen flacher Nebenarme und noch in vielen anderen Fällen.

6. Die Jolle als Rennboot.

Zu einem wirklich ungetrübten Genuß fehlt nun nur noch die **Schnelligkeit** des Bootes, die guten Segel- (und Ruder-) eigenschaften. Aber — so hören wir sagen — was soll uns auf gemächlicher Wanderfahrt die Schnelligkeit! Vorwärts kommen ja doch schließlich alle Boote, und mehr wollen wir nicht.

Dieser naheliegende Einwand beruht auf Unkenntnis oder Selbsttäuschung. Wenn du gemeinsam mit mehreren Freunden auf verschiedenen Booten — und das hat einen großen Reiz — auf die Wanderfahrt gehst und an jedem Abend den festgesetzten Rastort mühsam erreichst, wenn die übrigen gerade dabei sind, die Teller abzuwaschen, dann kannst du ja stolz behaupten, daß du dich über dein langsameres Boot trotzdem nicht ärgerst, aber du kannst nicht verlangen, daß es dir einer glaubt. Und wenn Sonntag für Sonntag jedes andere Segelboot flott an dir vorbeizieht, während du gemächlich hinterdrein schiebst, dann tröstest du dich vielleicht damit, daß du ja nur „zum Vergnügen" segelst, aber du ärgerst dich darum nicht minder, und das dient nicht zum „Vergnügen". Und wenn ein kleineres Boot sich dreist in dein Kielwasser legt und dir unaufhaltsam aufläuft, dann sprichst du wohl überlegen lächelnd zu dem mitsegelnden Freunde: „Auf solch ‚Match' lasse ich mich prinzipiell nicht ein, denn ich fahre nur zu meinem Vergnügen" — aber der hastige Blick zum Segel und Stander hinauf verrät dich, du „matchst" ja doch, nur mit dem Unterschied, daß du möchtest, aber nicht kannst!

Wir müßten nicht Menschen von Fleisch und Blut sein, wenn uns all dies die reine Freude nicht vergällte. Und es ist Selbsttäuschung, wenn wir es uns nicht eingestehen. Jeden packt einmal die Idee der Schnelligkeit — den einen früher, den andern später — und läßt ihn dann nicht wieder los. Und das ist gut so. Denn in diesem Augenblick wird aus dem Wasserfahrer der Segler geboren. Was sollte sonst einen objektiven Prüfstein für das eigene Können abgeben, wenn wir nicht jede Gelegenheit wahrnehmen, unsere Kräfte mit anderen, besseren und schlechteren Seglern zu messen! Wir meinen das Können, das nicht nur jeder Gefahr zu trotzen vermag, sondern das die Feinheiten seglerischer Kleinkunst umfaßt, all das, was den Segler im sportlichen Sinne ausmacht.

So wollen wir denn ein gelegentliches „Matchen" gern annehmen, auf jedem Bord-an-Bord-Schlag lernen wir zu. Das ist eine notwendige seglerische Übung, ohne die es nun einmal nicht abgeht. Und in jedem Jahr dann ein paarmal — je nach Geschmack öfter oder seltener — die Probe auf das erworbene Können: die Wettfahrt, das volle Einsetzen aller Kräfte für die Idee des Sieges, nicht etwa, als sei der Sieg oder gar der Preis Selbstzweck, sondern um des Kampfes willen, der mit zu dem Schönsten gehört, was uns unser Sport zu bieten vermag. Nur wer diese Prüfung nicht verschmäht, wird nicht nur segeln, sondern gut segeln lernen — und das sollte doch schließlich der Ehrgeiz jedes echten Jüngers unseres Sports sein.

Der Rat, die Wettfahrt, die „hohe Schule" des Segelsports, von vornherein mit in den Kreis der beabsichtigten Betätigung zu ziehen, gründet sich auf die alljährlich wiederkehrende Erfahrung, daß Anfänger ihr Boot „nur zum Turensegeln" in Auftrag geben; aber wenn sie dann die helle Freude an der Geschwindigkeit, die Freude am Kampf kennen gelernt haben, totsicher doch zum Rennen melden. Und dann gibt es natürlich Enttäuschungen und nachträgliche Selbstvorwürfe, daß auf die Schnelligkeit nicht von vornherein größerer Wert gelegt wurde, und die Leidtragenden sind der Segler gleichermaßen wie der Sport, der einem mißmutig abseitsgehenden Jünger nachtrauert. Jeder Konstrukteur weiß hiervon ein Lied zu singen.

Unser Rat geht also dahin, unter allen Umständen ein Klassenboot in Auftrag zu geben oder zu kaufen, auch wenn von vornherein nicht an eine Rennbetätigung gedacht ist. Bei der großen Zahl der bestehenden Klassen im deutschen Kleinsegelsport kann wirklich jeder trotzdem ein Boot nach seinem Geschmack wählen. Neben den Rennklassen des Deutschen Segler-

Verbandes und des Berliner Kleinsegler-Verbandes, die Boote von 5 bis 30 qm Segelfläche, also von rund 4—8 oder gar 9 m Länge umfassen, bestehen noch die besonders für die Zwecke des Wanderseglers geschaffenen Klassen der 15 und der 20 qm-Wanderjollen, die sich durch besonders große Stabilität, Bequemlichkeit und derbe Bauart auszeichnen.

7. Bauausführung und Anschaffungskosten.

Nachdem wir so die Verwendungszwecke der Jolle ausführlich besprochen und uns dabei eine Weile in das lichte Reich des Ideals und des Idealen verloren haben, kehren wir nun wieder zu der realen Grundlage unseres erträumten Bootes, der Weite bzw. Enge des Geldbeutels, zurück. Weitaus der häufigste Fall wird ja der sein, daß wir ein ganz bestimmtes Anlagekapital zur Verfügung haben, das wir nur in knappen Grenzen überschreiten können. Wir müssen uns also die Frage vorlegen, was für ein Boot wir überhaupt für das betreffende Baugeld erwarten dürfen, und können dann unter den vorhandenen Möglichkeiten die Wahl treffen.

Hierbei wird von dem Anfänger und Laien meist übersehen, daß Jolle und Jolle auch in puncto „Kosten" keineswegs dasselbe ist, daß der Preis für Boote derselben Größe häufig genug schon vor dem Kriege um mehrere hundert, heute um mehrere tausend Mark abweicht. Und wenn man schon von solchen Preisunterschieden gehört hat, so führt man sie meist irrigerweise auf die Wahl des Holzes zurück. Natürlich hat das Holz auf den Preis einen gewissen Einfluß, aber dieser ist erheblich kleiner, als man gewöhnlich anzunehmen scheint.

Wir führen zum Beweise die für den Jollenbau gebräuchlichsten Hölzer nachstehend auf:

Holzart	Brauchbarkeit	Sepzif. Gewicht etwa	Preis für 1 cbm vor dem Kriege Mark	jetzt ca. Mark*)	Holzwert des Bootsrumpfes einer 6 m-Jolle vor dem Kriege Mark	jetzt Mark
Eiche	sehr haltbar und fest, "arbeitet" aber im Wasser, wirft sich also leicht und reißt leicht	0,8	200	5000	40	1000
Sapeli-Mahagoni	haltbar, hart, schwer, für Rennboote ungeeignet	0,8	250	8000	50	1600
Tabasko-Mahagoni	sehr haltbar, leicht	0,6	350	9000	70	1800
Gabun ("afrikan. Mahagoni")	haltbar, sehr leicht, für Rennboote vorzüglich geeignet	0,4	90	4500	18	900
Kiefer	haltbar, erfordert Farbanstrich	0,6	100	1600	20	320
Fichte	haltbar, saugt viel Wasser auf	0,5	80	1500	16	300

Betreffs der Haltbarkeit von Hölzern gilt im allgemeinen der Satz, daß die Dauerhaftigkeit mit der Schwere des Materials wächst, da das spezifische Gewicht fast lediglich durch die Porosität des Holzes geringer wird, während die Holzmasse selbst nur unbedeutende Gewichtsschwankungen zeigt. Es kommt aber gerade beim Bootsbau auch viel auf die anatomische Struktur des Holzes an, da z. B. Hölzer von ganz ansehnlichem Gewicht zwischen Wind und Wasser gar nicht haltbar sind. Andererseits ist die Haltbarkeit von Booten aus Fichte oder namentlich aus Gabun für den Sportsegler immer noch groß genug, da sie auch bei wenig sorgfältiger Behandlung zwei Jahrzehnte überdauern.

---

*) Die Preise sind gerade jetzt besonders schwankend; es handelt sich also hier nur um ganz allgemeine Angaben.

Zusammenfassend wäre also über die Wahl des Holzes folgendes zu sagen:

Wo der geringe Preisunterschied nicht in Betracht kommt, raten wir zu Tabasko-Mahagoni für die Beplankung. Wo auf ein sehr leichtes (also auch bei Flaute schnelles) Boot Wert gelegt wird, empfehlen wir Gabun. Für Scharpies (s. unten) ist Fichte oder die haltbarere Kiefer (letztere auch für billige rundspantige Boote) das geeignete Material, da hier wohl stets mit möglichst geringem Preise gerechnet wird (ev. auch Gabun). Für alle Verbände, die eine besondere Festigkeit und Härte verlangen, für Kiel, Steven usw. ist Eiche das beste Material. Der Preis ändert sich durch das gewählte Holz nur unbedeutend im Verhältnis zu den Gesamtkosten.

Den wichtigsten Faktor für die Preisstellung bildet die Bauart des Bootes. Für den Anfänger führen wir im folgenden die einzelnen Bauarten, ihre Vorzüge und Nachteile auf.

Die billigste Bauart ist die des Kahns, Scharpie genannt. Die Boote werden mit flachem Boden gebaut, auf den die Seitenwände recht- oder stumpfwinklig aufgesetzt werden. Die Seitenwände selber sind in der Regel nur in der Längsrichtung gekrümmt, sodaß also jeder Querschnitt des Bootes ein Trapez ergibt. Die Risse S. 50 und 52 zeigen die Bauart deutlich. Die so gebauten Boote haben für das an runde Boote gewöhnte Auge etwas Fremdes, eben Kahnartiges, das aber in der Seitenansicht verschwindet (s. die Photographie auf S. 50) und sich auch durch schöne Formen etwas mindern läßt, wie die Risse und Photographien z. B. auf S. 129 unschwer erkennen lassen. Ihre Haltbarkeit wird durch die scharfe Kante am Rande des Bodens, die schwer auszubessernden Beschädigungen ausgesetzt ist, und durch den flachen Boden selbst etwas beeinträchtigt. Abgesehen davon sind aber die Scharpies durchaus brauchbare, gute und auch schnelle Boote, die ihrem Besitzer einen vollen Ersatz der rundgebauten Jolle — was Freude am Wasser und seglerischen Genuß betrifft — zu bieten vermögen. Sie haben gegenüber allen andern Booten den Vorzug der Billigkeit (und der Möglichkeit leichten Selbstbauens).

Die unschön wirkende Form des reinen Scharpie-Typs wird bei einem mehrfach gebrochenen Spant, der sogenannten Schipjack-Form, vollständig aufgehoben. (Vgl. die Risse und Ansichten S. 54.) Hier haben wir bereits trotz der vereinfachten und darum noch wesentlich verbilligten Bauart einen dem rundspantigen Boot vollkommen ebenbürtigen Typ, der ihm auch an Schnelligkeit mindestens ebenbürtig ist, sich bisweilen sogar überlegen gezeigt hat.

Geklinkerte Boote, bei denen die Planken dachziegelartig übereinander liegen und daher unter sich durch Nieten verbunden werden können, sind von den Booten mit runden Spanten die billigsten. Die Nietung gibt den Booten einen natürlichen, festen Verband. Der Nachteil gegenüber Jollen mit glatter Außenhaut besteht — abgesehen von dem Aussehen, das ganz besonders verwöhnten Augen nicht genügt — in dem größeren Wasserwiderstand und vor allem in dem größeren Gewicht.

Karweel gebaute Boote geben bei sauberer Bauausführung den geklinkerten Jollen an Dichtigkeit des Bootskörpers durchaus nichts nach. Sie haben den Vorzug der glatten Außenhaut und damit des geringeren Wasserwiderstandes, sodaß sich der Karweelbau bei Jollen namentlich im Binnenlande das Feld fast vollständig erobert hat. Wem also die Erhöhung des Preises nichts ausmacht, der wird sich zu dieser Bauart entschließen, da sie alle guten Eigenschaften einschließlich der Schönheit in sich vereinigt.

Zum Schluß sei noch auf den Prahmtyp (s. S. 88) hingewiesen, der zwar keine „Bauart" im eigentlichen Sinne, sondern eine Bootsform darstellt, aber doch wegen seiner Eigenart für sich betrachtet werden muß. Der Prahm hat nämlich gleich der Scharpie den Vorzug sehr einfacher Bauweise und gehört deshalb zu den billigeren Booten. Der Preis schwankt je nach der Bauart, da man ihn als Scharpie, geklinkert, karweel usw. bauen kann. Der Prahm hat mit der Scharpie das Ungewohnte des Aussehens gemeinsam, das aber wieder in der Seitenansicht und hier auch in geneigter Lage zurücktritt, und den Nachteil, daß er stets gekrängt, „auf der Kante" gesegelt werden muß, um seine größte Schnelligkeit zu entfalten. Da er sich nach anfänglichen, überraschenden Erfolgen auf die Dauer den Jollen mit spitzem Bug nicht überlegen gezeigt hat, so ist er fast so schnell wie er gekommen, wieder aus dem Kleinsegelsport verschwunden. Ob ihm eine neue Auferstehung beschieden sein wird, kann erst die Zukunft lehren.

Wir erkennen aus dieser Betrachtung leicht, daß man für dasselbe Geld Boote der verschiedensten Größe je nach der Bauart und dem Holze erhalten kann, und müssen nun nach unserem Geschmack wählen. An einem Beispiel sei dies noch deutlicher dargelegt. Wenn jemand vor dem Kriege für einen Neubau 700 Mark anlegen konnte, so konnte er dafür folgende Boote etwa erhalten (heute dürften hierfür 8—10 000 Mark oder mehr erforderlich sein):

1.	etwa 5 m lang,	Mahagoni,	karweel	10 qm	Segel
2.	,, 5,50 m ,,	,,	geklinkert	15 qm	,,
3.	,, 6 m ,,	Gabun,	karweel	15 qm	,,
4.	,, 6,50 m ,,	Mahagoni,	Prahm, karweel	15 qm	,,
5.	,, 6,50 m ,,	Eiche,	geklinkert	15 qm	,,
6.	,, 7 m ,,	Fichte,	Scharpie	20 qm	,,
7.	,, 7,50 m ,,	,,	Prahm	20 qm	,,

Und umgekehrt schwankte schon damals ein 6 m langes Boot im Preise zwischen 500 und 1000, ja 1200 Mark, heute zwischen 8000 und 25 000 Mark!

Alle diese Preisangaben stellen natürlich nur annähernd richtige Werte dar und sollen lediglich als Anhaltspunkte dienen. Denn zur „Bauausführung" gehört, wahrlich nicht zuletzt, die Sorgfalt des Baues, die sehr großen Einfluß auf die Höhe des Preises hat. Werften, die besonders sorgfältig bauen, also mehr Zeit auf den gleichen Bau verwenden, werden teurer sein müssen als solche, die ein „Boot" zusammenhauen, wie man zu sagen pflegt. Wer es irgend mit dem Anlagekapital vereinigen kann, der lege auf sauberen Bau besonderen Wert. Denn ein „zusammengehauenes" Boot ist seinem Besitzer eine stetig fließende Quelle des Ärgers und Verdrusses. Wir können also nicht dazu raten, unter allen Umständen das billigste Angebot für einen Neubau zu berücksichtigen. Denn es wird hier in der Regel mit der Sorgfalt des Baues hapern, aber Ausnahmen sollen ja die Regel bestätigen.

Die billigsten Jollen von 4 m Länge und 5 qm Segelfläche kosteten vor dem Kriege wenig über 100 Mark, heute muß man allerdings auch hier schon mit einem Anlagekapital von mindestens 2000 Mark rechnen.

Der verhältnismäßig hohe Preis, die „Stange Gold", die jeder Neubau eines wirklichen Segelbootes erfordert, ist nicht à fonds perdu gezahlt, sondern ausgeliehenes Kapital. Wer als Anfänger in unserem Sport zuerst davor zurückschrickt, daß er „für sein Vergnügen" eine Summe von etlichen tausend Mark anlegen soll, der möge bedenken, daß er dieses Kapital fast in der ganzen Höhe sofort wieder durch den Verkauf flüssig macht, wenn er der einstigen Liebe — enttäuscht und überdrüssig oder durch die Macht der Verhältnisse gezwungen — einmal untreu wird. Was der Sport kostet, das ist also nicht dieses Kapital, sondern die Unterhaltungskosten, von denen wir weiter unten noch sprechen werden. Natürlich ist es nicht möglich, das aufgewendete

Kapital nahezu voll zurückzuerhalten, wenn man aus seinem einstigen schmucken Neubau ein veraltetes, verrottetes Boot hat werden lassen. Es kommt immer noch recht häufig vor, daß sich Segler von dem ihnen auf langen Fahrten lieb und vertraut gewordenen Boot nicht trennen können oder besser wollen, weil sie in ihm ihr nicht wieder zu erreichendes Ideal erblicken.

Das ist aber nicht richtig. Jeder sportlich und jeder praktisch denkende Segler wird darauf sehen, seine Boote recht bald, nach einem oder zwei Jahren, zu verkaufen. Das ist sportlich gedacht, denn jedes Boot läßt sich noch verbessern, und nur durch ständige neue Versuche mit neuen Booten kann der Kleinsegelsport weiter kommen. Es ist auch nicht einzusehen, warum der einem ans Herz gewachsene Typ bei einem Neubau nicht ebensogut (meist doch sogar besser) herauskommen sollte als bei dem alten Boot. Es ist weiter praktisch gedacht, weil der Wert des Bootes sich von Jahr zu Jahr verringert und einmal ja doch ein Neubau notwendig wird. Bereits nach etwa fünf Jahren sind aber die Segel und vieles andere bei einem Sportboot erneuerungsbedürftig, und der für ein solches Boot erzielte Preis reicht nun nur noch etwa zur Hälfte für einen entsprechenden Neubau. Wer sich aber Jahr für Jahr oder längstens in jedem zweiten Jahre ein neues Boot anschafft, der wird niemals viel verlieren. Es mag wohl einmal vorkommen, daß er sein Boot nur verhältnismäßig ungünstig verkaufen kann; dafür wird er aber das nächste Mal wieder wenig verlieren, und es kommt sogar immer noch vor, daß man für ein gutes Boot das volle Anlagekapital, unter Umständen selbst mit Zinsen wieder erhält. Gut gehaltene und erfolgreiche Boote werden auch heute noch nach Jahresfrist weit über Preis bezahlt, weil der Käufer weiß, daß er hier die Katze nicht im Sack zu kaufen braucht.

8. Die Bestellung eines Neubaues.

Die im zweiten Teil dieses Buches veröffentlichten Risse und Photographien stellen Jollen der verschiedensten Größe und des verschiedensten Typs dar. Jeder wird — dünkt uns — etwas darunter finden, das seinem Zweck und seinem Geschmack und dem ihm zur Verfügung stehenden Anlagekapital ziemlich nahe kommt. Findet er darunter ein Boot, von dem er sagen kann: „Dies und kein anderes!", so ist die Wahl natürlich am leichtesten. Wir möchten aber selbst in diesem Falle zu bedenken geben, daß die Linien moderner Jollen auf Grund der fortgesetzt möglichen neuen Erfahrungen stetig und von Jahr zu Jahr sich vervollkommnen. Wir können also nicht dazu raten, das betreffende Boot — selbstverständlich auch nur mit Genehmigung des Konstrukteurs*) — einfach nachbauen zu lassen, falls nicht der Konstrukteur selber und die etwa vorhandene Erfahrung des Bestellers keinen Zweifel darüber lassen, daß die Linien noch nicht überholt sind.

---

*) Wir weisen ausdrücklich darauf hin, daß es ein (unseres Wissens weit verbreiteter) Irrtum ist, zu glauben, die veröffentlichten Risse eines Bootes dürften ohne weiteres zu einem Neubau benutzt werden. Dies ist nach dem klaren Wortlaut des sog. Kunstschutzgesetzes (Gesetz vom 9. Januar 1907) verboten.

Noch weniger ist es angängig, den scheinbaren Umweg über den Konstrukteur überhaupt zu vermeiden und irgendeiner Bootswerft den Auftrag eines dem betreffenden Entwurf ähnlichen Bootes zu erteilen. Die Idee eines jeden Bootes ist ein Kunstwerk, die Ausführung ein Handwerk. Zur Konstruktion auch des kleinsten Bootes gehört erstens ein Gedanke, zweitens ein hohes Maß technischen Könnens und drittens Erfahrung. Daß es so viele Boote ohne die Spur eines Gedankens, so viele völlig vertrimmte Boote, so viele schlecht segelnde Boote gibt, das verdanken wir der Verkennung dieses einfachen Verhältnisses. Oder haben wir schon einmal gehört, daß eine Gemeinde den Bau einer noch so kleinen eisernen Brücke einem Schlossermeister übertragen hätte, ohne vorher einen Sachverständigen gefragt zu haben?

Zu jedem Boot gehört also eine Konstruktionszeichnung, und die Kosten hierfür, 10 bis 15% des Baupreises, sind ein zugehörender Bestandteil der Bootskosten überhaupt. Hierbei sparen zu wollen, heißt, das Pferd am Schwanze aufzäumen.

Wir wissen, daß wir allen einsichtigen Bootsbauern mit diesen Ausführungen aus der Seele sprechen, daß ihnen nichts lieber ist als ein genauer, durch Spantenriß und Bauzeichnung festgelegter Auftrag. Die Freude, ein gutes Boot herauszubringen, ein Boot, an dem nachher nicht herumgemäkelt und herumgedoktert zu werden braucht, gilt jeder Werft mehr als der fragliche Genuß, etwas ganz allein ohne Hilfe des Konstrukteurs fertiggestellt zu haben. Natürlich gibt es auch Praktiker genug, die das Zeug zum Konstrukteur haben, und häufig sind auch Konstrukteur und Werftbesitzer vereinigt.

Der gegebene Weg bei der Bestellung eines Neubaues ist also der, daß man dem Konstrukteur zunächst seine Wünsche in möglichst unmißverständlicher Form vorträgt. Handelt es sich um ein Boot, das in erster Linie als Rennfahrzeug gedacht ist, so genügt die Angabe der Größe und eine der Forderungen: ein Boot, das unter allen Umständen möglichst erfolgreich sein soll (dies wird für Binnengewässer ein Leichtwetterboot ergeben) oder ein Boot für ein bestimmtes Wetter (Flautenläufer, Schwerwetterboot) oder ein Boot, das sich jederzeit einigermaßen gut bewähren soll, ohne bei einem bestimmten Wetter eine ganz besondere Schnelligkeit zu entfalten (Mittelwetter-Boot). Mehr verlange man aber bei einem Rennboot zunächst nicht, denn man verlangt dann meist Unmögliches.

Der Konstrukteur wird hierauf seinen Riß entwerfen oder zunächst eine Skizze vorlegen, wenn er bei neuen Ideen die

Zeichnung aus leicht begreiflichen Gründen nicht aus der Hand geben möchte. Nun ist es an der Zeit, besondere Wünsche für die Turenausrüstung anzugeben und mit dem Konstrukteur zu besprechen, inwieweit die Berücksichtigung solcher Wünsche möglich ist, ohne die Rennfähigkeit des Bootes zu beeinträchtigen. Nach unseren obigen Darlegungen werden sich die Wünsche beinah immer vollständig erfüllen lassen. Trotzdem ist es nicht ratsam, sie vorher zur Bedingung zu machen, da hierdurch die für ein Rennboot nötige volle Freiheit des Konstrukteurs beschränkt wird.

Will man sein Boot in erster Linie für Wanderfahrten haben, so ist der umgekehrte Weg der beste, d. h. man gebe alle, aber auch wirklich alle Wünsche gleich bei der Bestellung an, um unnötige Arbeit zu ersparen. Man lasse auch dem Konstrukteur keinen Zweifel darüber, daß man gelegentlich Wettfahrten mitsegeln möchte und hierfür sowohl wie für die Tur auf ein schnelles Fahrzeug Wert legt. Aber auch hier überlege man sich, daß selbst dem gewiegtesten Konstrukteur nicht die Vereinigung von Feuer und Wasser möglich ist. Man verlange also nicht etwa alle möglichen Schikanen und größte Billigkeit zugleich, nicht ein schweres und breites Boot, das gleichzeitig schneller sein soll als alle leichten und schmalen, nicht auf einer 6 m-Jolle Schlafplatz für 5 Personen einschließlich großer wasserdichter Stauräume und was dergleichen mehr ist.

Wir nehmen nun also an, der Besteller hätte einen ihm in jeder Hinsicht zusagenden Riß erhalten. Falls nun nicht Konstrukteur und Werftbesitzer in einer Person vereinigt sind, so ergeben sich zwei Möglichkeiten. Man kann erstlich dem Konstrukteur das ganze Boot in Auftrag geben, wozu er meist bereit sein wird. In diesem Falle vereinbart man also mit dem Konstrukteur selber den Preis und hat von ihm das fertige Boot zum festgesetzten Termin zu verlangen; die Werft scheidet für den Besteller vollständig aus. Dieser Weg hat den Vorteil, daß der Konstrukteur die Bauaufsicht übernimmt und daß also die Schwierigkeiten dieser Aufsicht und der hieraus ab und zu entstehende Hader mit der Werft für den künftigen Eigner fortfallen. Dem Besteller selber ist es, namentlich wenn er zu der sonst ja so beneidenswerten Gattung der wirklichen „Gemütsmenschen" gehört, nicht immer leicht, die Beseitigung von Baufehlern usw. zu verlangen. Freilich erhöht die Baubeaufsichtigung andererseits die Kosten des Bootes. Wir können annehmen, daß der Konstrukteur hierfür noch mindestens 10% des Gesamtpreises berechnet, da diese Aufsicht ja eine zeitraubende und verantwortungsvolle Beschäftigung ist.

Will man diese Kosten ersparen oder fühlt man sich berufen und geneigt, die Bauaufsicht selber zu übernehmen, so holt man von verschiedenen Werften Angebote ein und entscheidet sich nach den oben aufgeführten Gesichtspunkten. Betreffs des Liefertermins ist zu bedenken, daß der Bau einer Jolle in der Regel mindestens 4 Wochen erfordert und daß die Werft natürlich vorher und gleichzeitig noch andere Aufträge zu erledigen hat. Man lasse lieber reichliche Zeit und dringe dann aber auf strenge Einhaltung des Liefertermins. Am vorteilhaftesten baut man in der sogenannten „stillen" Zeit, Spätsommer und Herbst, da hier der Bau ohne Hast ausgeführt werden kann, bestimmt zum Frühjahr fertig ist (man kann auch schon im Spätherbst eventuell etwas segeln) und überdies nicht unerheblich billiger ist als in der Hochsaison.

Ein wesentlicher Faktor zur Vermeidung von Verdruß und Streit ist ein sorgfältig durchdachter Vertrag, zu dem man sich unter allen Umständen Zeit und ruhige Überlegung lassen sollte. Zu einem Bauvertrag gehört:

1. Liefertermin,
2. Preis und Zahlungsweise, Höhe der Raten,
3. Verpflichtung auf genaue Einhaltung aller aus der Bauzeichnung ersichtlichen Angaben,
4. genaue Angaben über die Art aller nicht aus der Zeichnung ersichtlichen Bootsteile, insbesondere Reffer, Blöcke, Beschläge usw.,
5. Angabe aller mitzuliefernden Gegenstände (vor allem Persennings, Riemen, Dollen, Staken, Paddel, Spinnakerbaum),
6. Art des Über- und Unterwasseranstrichs, des Decks usw.,
7. Segelstoff.

Wir empfehlen, im allgemeinen das Boot segelfertig in Auftrag zu geben. Wer über die nötige Sachkenntnis und Zeit verfügt, kann sich auch die Beschläge usw. getrennt besorgen und hat dann die sichere Gewähr, alles wirklich nach Wunsch zu erhalten*). In diesem Fall vereinbare man aber mit der Werft genau, was mitzuliefern ist und was nicht, eventuell welche selbst

---

*) Eine Reihe von Bootsartikeln beschafft man sich nach allgemeinem Brauch sowieso selbst, wie Tweidel, Laternen, Rettungskissen, Fender und dergleichen. Diesen nicht ganz unerheblichen Posten vergesse man nicht bei Aufstellung der Anschaffungskosten.

beschafften Gegenstände seitens der Werft zu befestigen und einzubauen sind.

Es ist ratsam, einen kleinen Teil der Bausumme zurückzubehalten und erst nach den ersten Trimmfahrten zu bezahlen und außerdem für diesen Zeitpunkt einen kleinen Extraposten des Anlagekapitals zurückzustellen. Denn manche Ungenauigkeiten im Bau zeigen sich erst auf dem Wasser und manche Wünsche werden hier noch wach trotz sorgsamster vorheriger Überlegung an der Hand der Zeichnung. Die ersteren wird die Werft gern beseitigen — und wenn nicht gern, dann auf Grund der kleinen, noch fälligen Restsumme —, die zweiten müssen natürlich besonders bezahlt werden.

Im allgemeinen möchten wir zum Trost aller, die ihr erstes Boot in Auftrag geben, bemerken, daß die weitaus meisten Werften berechtigten Wünschen gern entgegenkommen und daß ernste Streitigkeiten oder gar Prozesse zu den größten Seltenheiten gehören. Nur mit der Einhaltung des Liefertermins pflegt es in der Regel etwas zu hapern. Im übrigen aber ist nach unserer Erfahrung der Bauvertrag nur die ultima ratio, und es geht meist sehr gut ab, auch wenn man sich nicht ständig auf den Standpunkt des starren Rechts stellt und mit Konsequenzen droht. Die fröhlichen Seglergesichter überwiegen auch auf unseren Werften — das sei zum Lob unserer Bootsbauer nicht unerwähnt.

A. Jollen bis zu 5 qm Segelfläche.
Klasse V des B. K. V.
Jugendboot in Scharpiebauart mit 5 qm Segelfläche.
Entwurf von Dr. R. Lohmann, Berlin.

Die Zeichnungen des kleinen Bootes entstanden aus dem Wunsche heraus, einen ganz einfachen Typ zu schaffen, der ohne jede Vorkenntnisse im Bootsbau und ohne besonderes Werkzeug von dem künftigen Eigner in kurzer Zeit selbst zu bauen sei. Hierfür kommt nur ein Boot mit flachem Boden und senkrechten Seitenwänden in Frage. Die eigentliche Schwierigkeit liegt darin, einem solchen Boot durch schnittige Formengebung das „Plätteisenhafte" zu nehmen. Soweit dies möglich, ist es im vorliegenden Entwurf wohl erreicht. Das Boot ist auf der Jugendwerft des B. K. V. von einem Jungmann selbst erbaut, und hat sich als ein recht stabiles und handiges, wenn auch natürlich nicht sonderlich schnelles Bootchen bewährt.

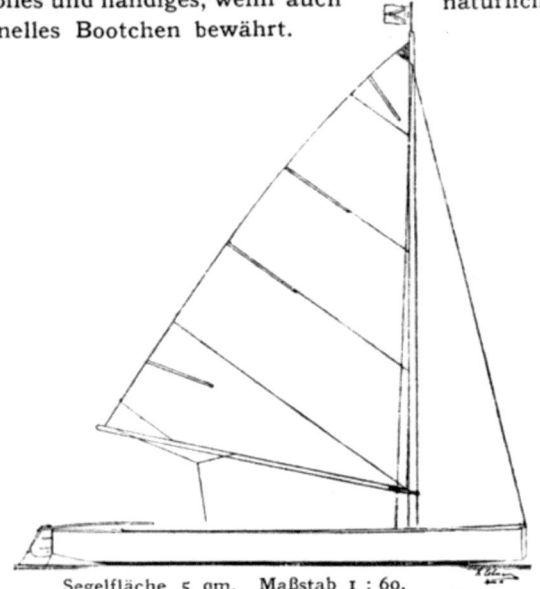

Segelfläche 5 qm. Maßstab 1 : 60.

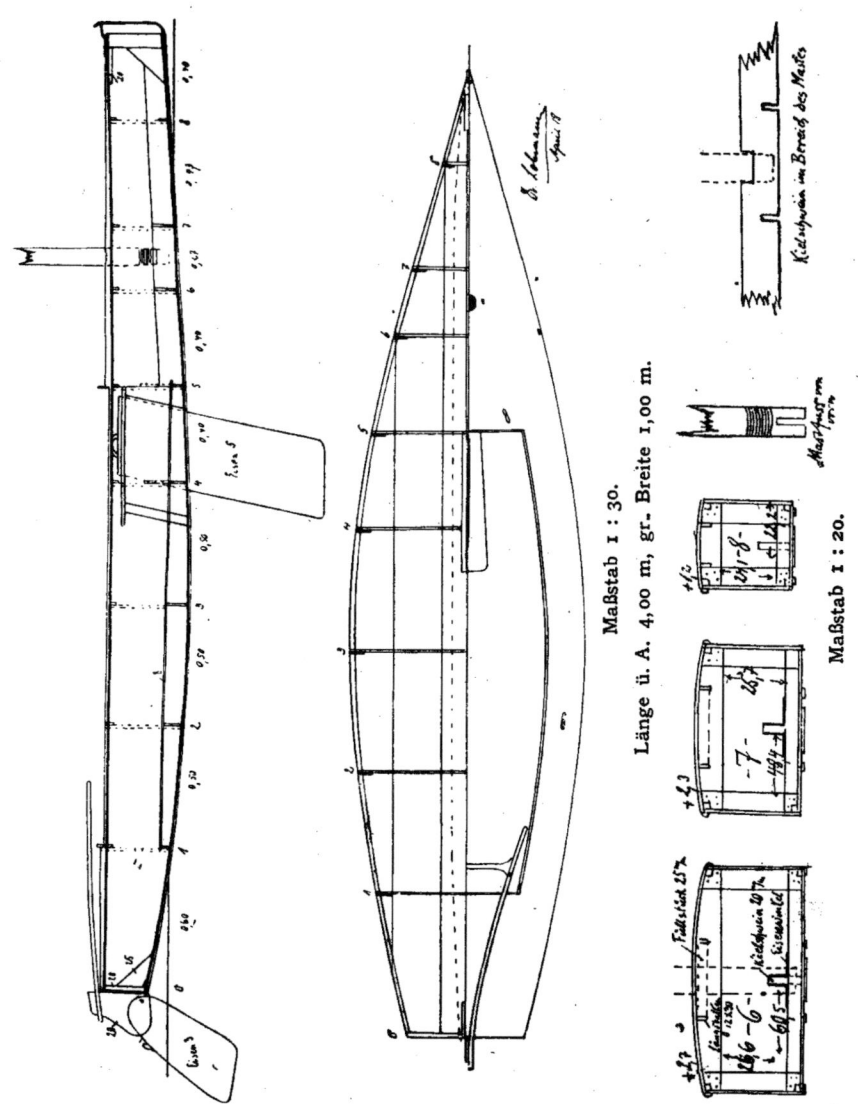

5 qm-Rennjolle „Atom",
entworfen von Kurt Reusche, Berlin-Friedenau.

Eine kleine Scharpie bescheidenster Abmessung, die dem jugendlichen Segler den vollen Genuß eines zwar ranken, aber bei jedem Wind außerordentlich schnellen Bootes bietet. Ein Fahrzeug, das nach kurzer Gewöhnung fast zu einem Teil seiner selbst wird, das mit ihm verwachsen, jeden Fehler böse bestraft, jede Feinheit der Kunst reichlich belohnt. Das Aussehen ist so schnittig, so feingliederig, daß es wohl kein Laie und erst recht kein Segler als „Sarg" brandmarken wird. — Ein Boot für echte Jugend, wie sie Segler wünschen, die in ihrem Sport immer jung bleiben wollen.

Es erwies sich als außerordentlich rank (Reservedeplacement gleich null), doch gewinnt es bedeutend an Stabilität durch den in der Krängung sehr langen Hebelarm des lebenden Ballastes. —

Die Bauart ist so einfach, daß wohl jeder, der Zeit und Lust zu diesem Experiment hat, sich dies Boot selbst bauen kann.

Segelriß. Maßstab 1 : 60.

In seiner Klasse hat das Boot bereits eine ganze Reihe von Erfolgen erstritten, die seine Eignung als Rennboot beweisen. Das scharfe Vorschiff vermeidet das harte Arbeiten des Bootes in Wellen, das sonst den Scharpies eigen ist.

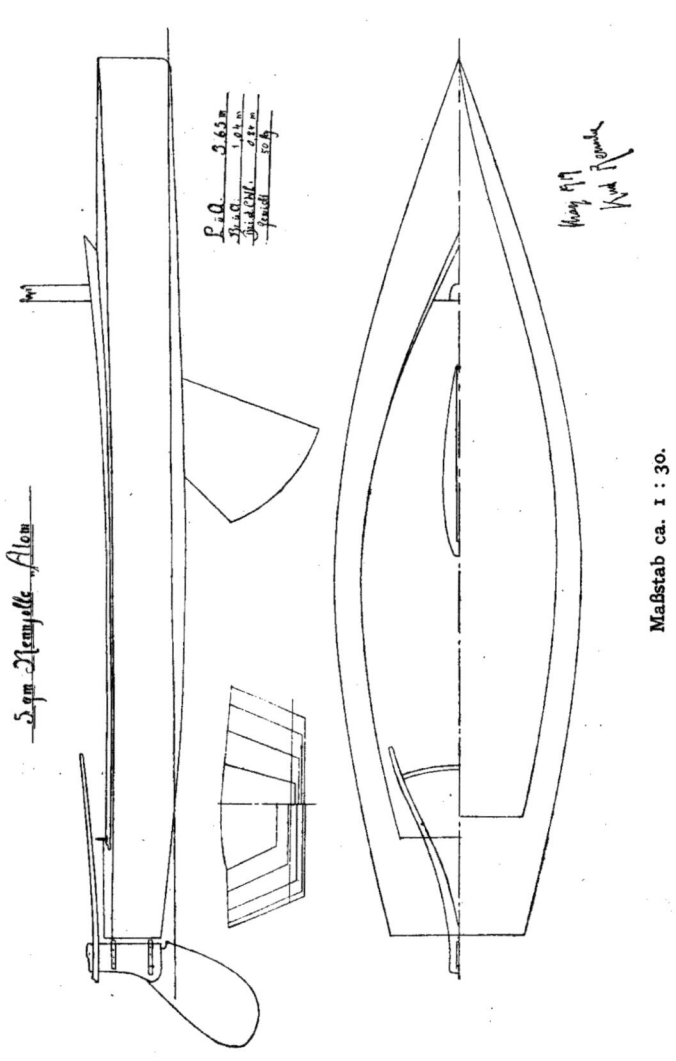

Maßstab ca. 1 : 30.

D IX, 5 qm-Rennjolle,

entworfen von Schiffbau-Ingenieur A. Harms, Berlin-Tempelhof.

D IX auf dem Probeschlag.

Die in den Rissen und Lichtbildern dargestellte 5 qm-Jolle wurde im Winter 1918 auf der Werft von Berkholz & Gärsch, Friedrichshagen, gebaut.

Bei nicht allzugroßem An-

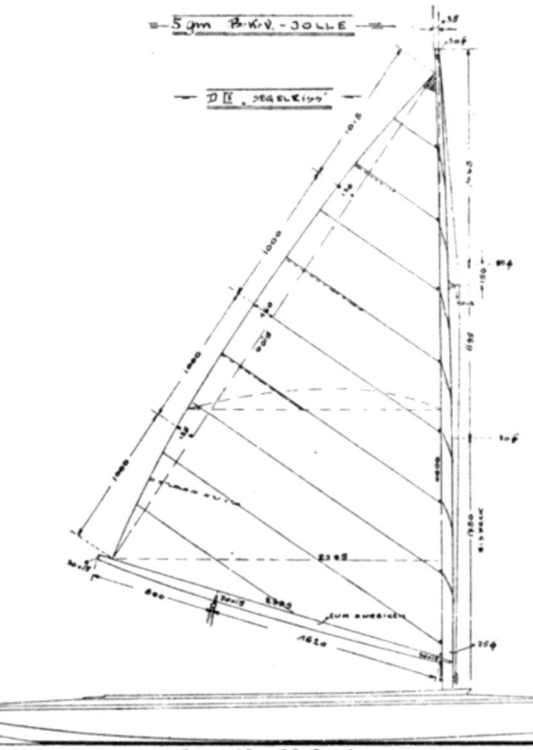

Segelriß. Maßstab 1 : 50.

spruch auf Bequemlichkeit eignet sich die Jolle vorzüglich zu Fahrtenzwecken, da man damit jeden Graben nehmen kann.

Die Nachteile des flachbordigen Scharpietyps (mangelnde Schnelligkeit bei Flaute) sind hier durch die V-förmige Brechung des Bodens vermieden. Das Boot stellt also eine Übergangsform von der Scharpie zum Schipjack-Typ dar.

Die Takelage hat den Vorzug des einfachen und schnellen Segelheißens bzw. Bergens. Der Baum wird, nachdem das

Fall etwas gelöst ist, einfach am Mast hochgeklappt, mit einem Zeising zusammengebunden, u. Mast samt Segel und Baum aus dem Boot gehoben und in die Ecke bis zum nächsten Segeltage gestellt. Beim Takeln wird der umgekehrte Weg eingeschlagen.

Das Boot wird auf Land aufbewahrt, da es von 2 Mann bequem getragen werden kann.

Bei einem unbeabsichtigten Krängungsversuch im Stand zeigte sich, daß das Boot umgeschlagen gerade noch auf der seitlichen Eindeckung schwamm, ohne daß es vollgelaufen war. Es brauchte also nur aufgerichtet werden, und die Fahrt konnte weitergehen.

◘ ◘

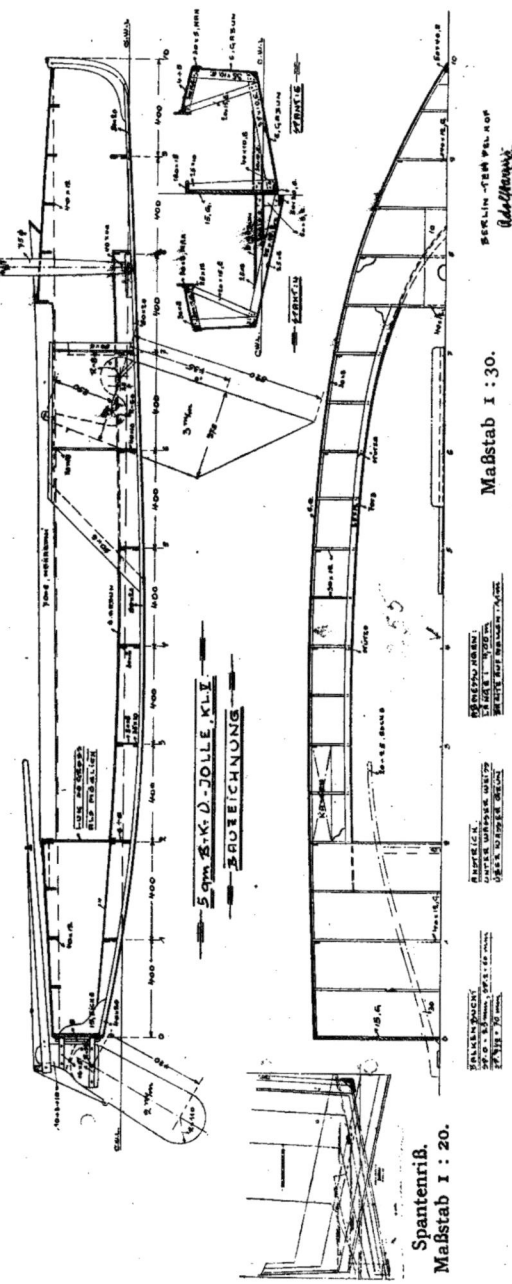

„Quecksilber",
entworfen von Ernst Bruns, Berlin.

Einer der ansprechendsten Vertreter der kleinsten Jollenklasse, der namentlich eine gewisse Geräumigkeit und Bequemlichkeit aufzuweisen hat, so daß das Boot ohne besondere Akrobatenkunst bei jedem Wetter gesegelt werden kann. Es dürfte daher für alle diejenigen geeignet sein, die auf diesen kleinsten Bootstyp beschränkt sind und gleichwohl den rankeren Rassen-Bootchen mit noch kleineren Abmessungen keinen Geschmack abgewinnen können.

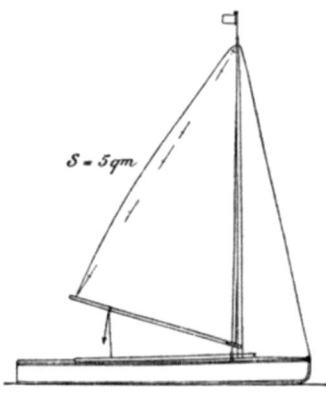

Maßstab 1 : 100.

Maßstab 1 : 50.
Größte Länge 4,10 m, größte Breite 1,20 m.

5 qm-B. K. V.-Jolle als Beiboot,

entworfen von Schiffbau-Ingenieur A. Harms, Berlin-Tempelhof.

In dem vorliegenden Entwurf ist der Versuch gemacht worden, einen Bootstyp zu schaffen, der als Beiboot noch zu gebrauchen ist und trotzdem derartige Segeleigenschaften besitzt, daß er in der kleinsten B. K. V.-Klasse mit Aussicht auf Erfolg mitsegeln kann.

Um die Bauausführung möglichst leicht zu gestalten, sind bei den Bänken decksähnliche Konstruktionen angewendet worden, so daß eine derart gebaute Bank nur etwa die Hälfte einer normalen Bank wiegt.

Auf die Anordnung eines Steckschwertes ist verzichtet worden, trotzdem der Schwertkasten dadurch in seinen Abmessungen kleiner würde.

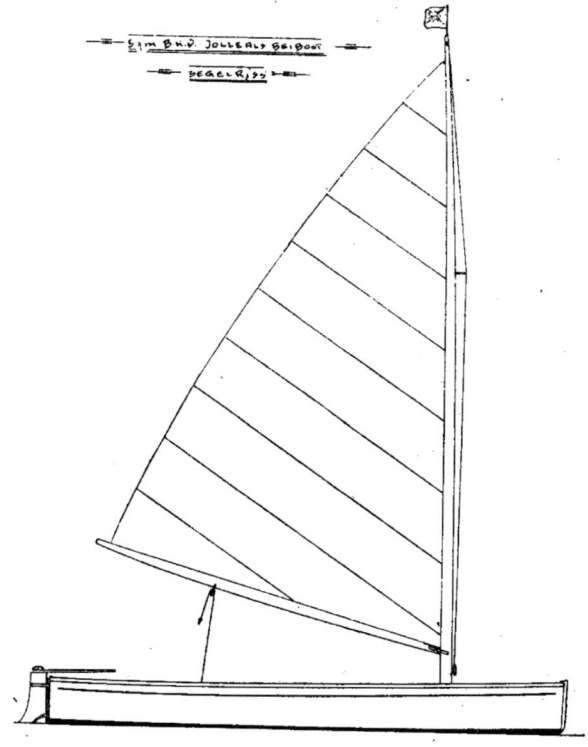

Maßstab 1 : 50. Segelriß mit Hochtakelung.
Segelfläche 5 qm.

Es sind in den Zeichnungen zwei Anordnungen von Bänken dargestellt; bei der einen steht der Mast in einer wegnehmbaren Längsducht, die mit ein paar Flügelmutterschrauben leicht haltbar zu befestigen ist, bei der anderen steht der Mast in einer üblichen Querducht, während zum Unterschied gegen die gewöhnliche Beibootsbankanordnung die Innenkanten der Seitenbänke parallel sind, um eine verschiebbare Achterbank und auf diese Weise Trimmänderungen leicht erzielen zu können.

Es sind zwei Segelrisse dargestellt, bei denen der eine mit Hochtakelung einen Mast besitzt, der nach einer Spezialkonstruktion leicht zum Auseinandernehmen und somit im Beiboot zu verstauen ist, bei dem anderen Segelriß hingegen ist die Raa zum Zusammenklappen eingerichtet; als Großsegel ist die Fock des dazugehörigen Kreuzers zu benutzen.

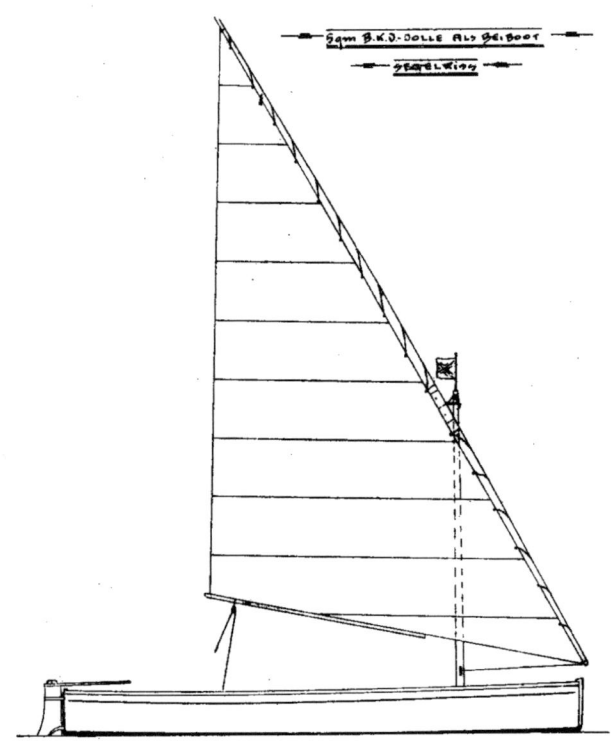

Maßstab 1 : 50.
Segelriß mit der Fock des 30 qm B. K. V.-Kreuzers.
Segelfläche 5 qm.

Eine derartige Takelung hat sich, ausgeführt auf einem anderen Beiboot, sehr gut bewährt, sie hat den Vorteil, daß man ohne Schwierigkeiten den Segelschwerpunkt etwas nach vorn oder nach hinten verlegen und auf diese Weise die Luv- oder Leegierigkeit leicht verändern kann, außerdem spart man das besondere Beibootsegel.

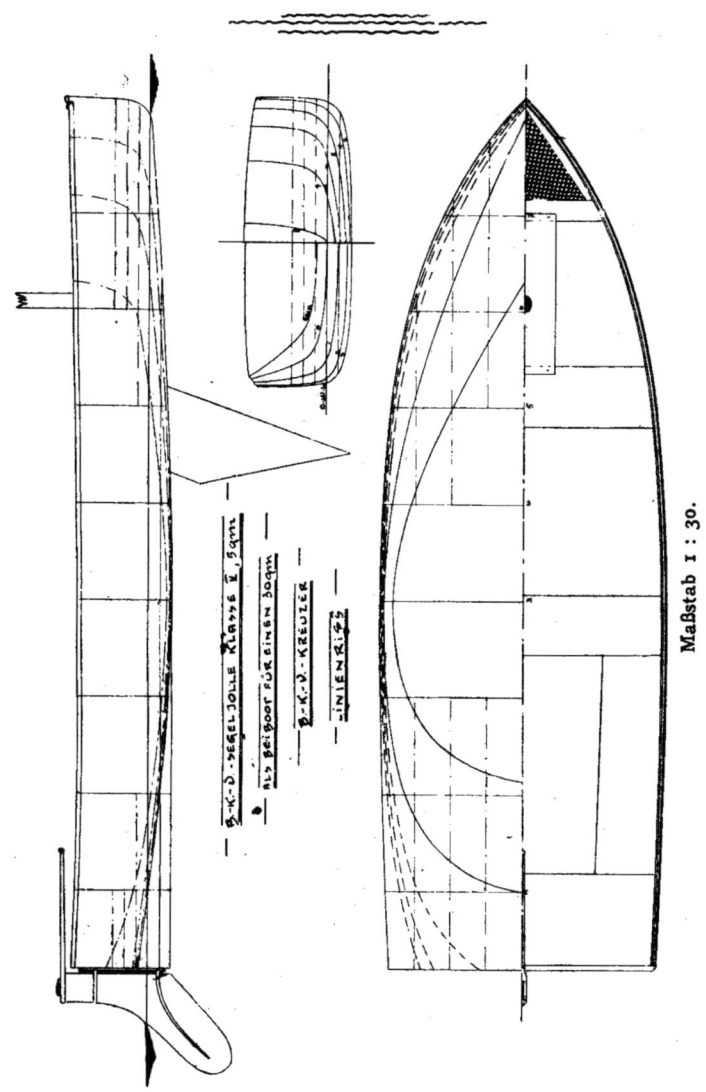

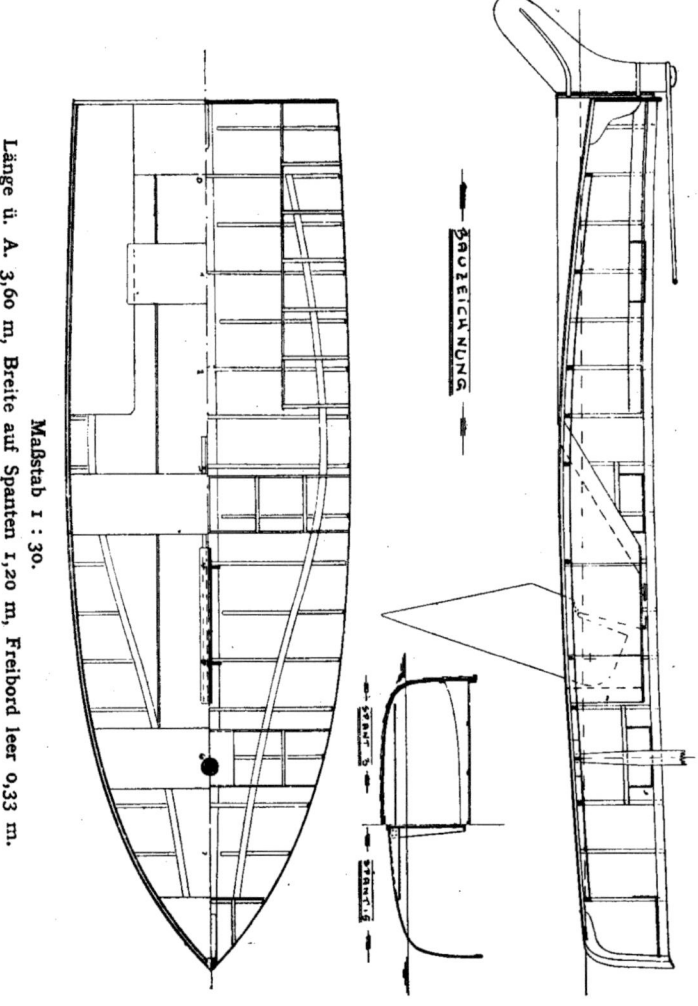

Maßstab 1 : 30.
Länge ü. A. 3,60 m, Breite auf Spanten 1,20 m, Freibord leer 0,33 m.

3 m-Beiboot mit 5 qm Segelfläche als Jugend- und Übungsboot.

Entwurf von Dr. R. Lohmann, Berlin.

Dieses allerkleinste Segelboot eignet sich als Übungsboot für die Jugend und für Anfänger, aber auch manch alter Segler wird seine Freude daran haben. Es ist der Typ eines Beibootes mit vergrößerter Breite, einem kleinen Vorderdeck und einer Aufsteck-Pinne. Das Bootchen hat Senkruder und Steckschwert; das Fall des handlichen Luggersegels wird als Stag geführt. Alles ist denkbar einfach und derb ausgeführt. Wo die Mittel beschränkt sind, kann der Scharpie-Bau aushelfen. In den Zeichnungen sind beide Möglichkeiten dargestellt.

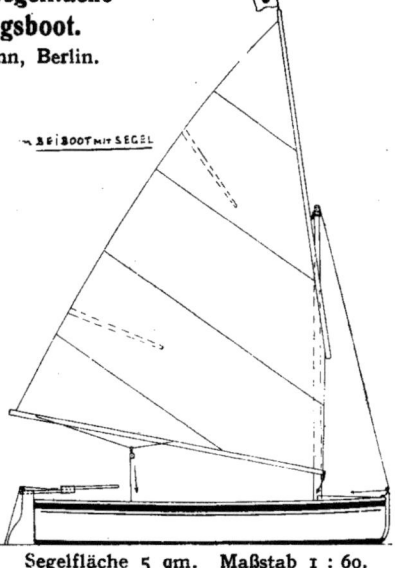

Segelfläche 5 qm.   Maßstab 1 : 60.

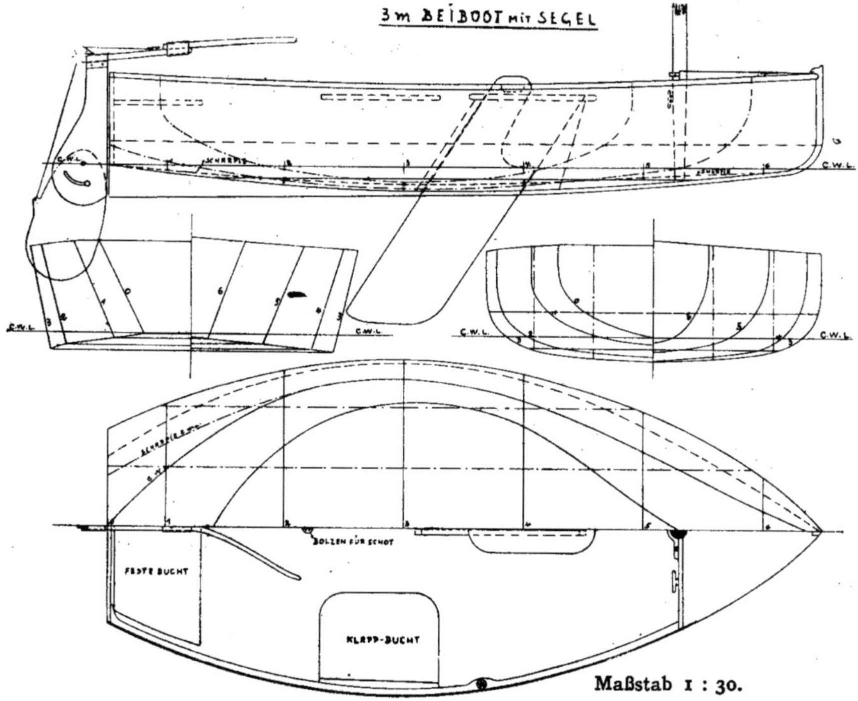

Maßstab 1 : 30.

Länge ü. A. 3,00 m, gr. Breite 1,40 m, Tiefgang mit Schwert 0,65 m.

B. Jollen über 5 bis zu 10 qm Segelfläche.
Klasse IV des B. K. V.
Scharpie für 10 qm Segelfläche
entworfen von Schiffbau-Ingenieur A. Harms, Berlin-Tempelhof.

Eine 10 qm-Jolle, bei der wie in dem Entwurf S. 54 die Seitenwand selber geradlinig und ungebrochen (im Querschnitt gesehen) verläuft, während der Boden v-förmig geknickt ist. Dieses kleine Boot macht, wie aus dem Lichtbild ersichtlich, auf dem Wasser infolge der schlanken Linienführung einen schnittigen und flotten Eindruck. Auch über Heck gesehen, tritt der Scharpie-Charakter nicht unangenehm hervor.

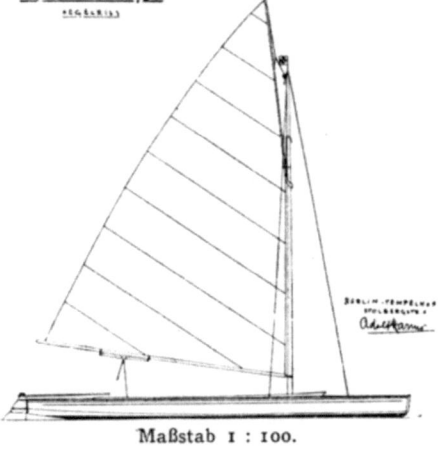

Maßstab 1 : 100.

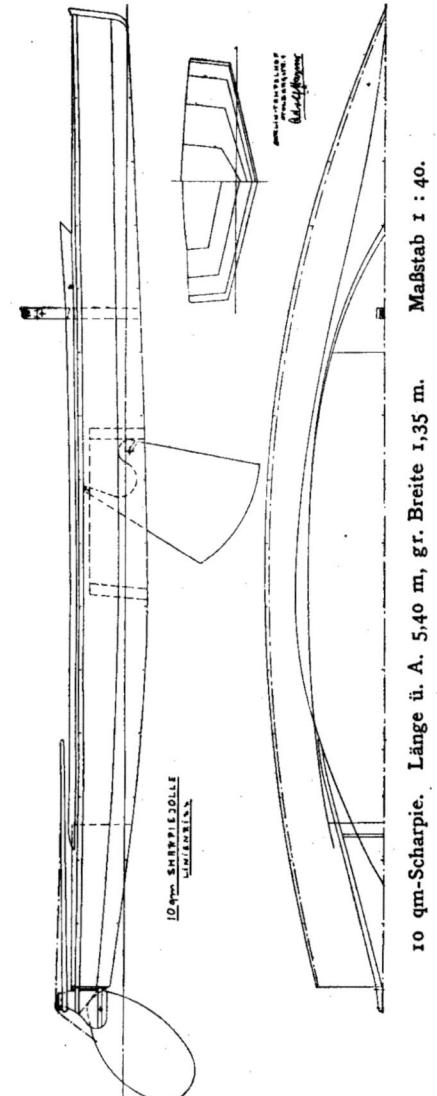

10 qm-Scharpie. Länge ü. A. 5,40 m, gr. Breite 1,35 m. Maßstab 1 : 40.

Wanderjolle im Schipjacktyp,
entworfen von Kurt Reusche.

Ein Boot, kräftig genug für die Ansprüche längerer Turen, und schnell genug, um auch mit guten Aussichten ins Rennen zu gehen.

Das Boot ist ein gutes Beispiel für den Typ der „veredelten Scharpie", für jene Schipjack-Boote, die an Aussehen und Segeleigenschaft hinter den rundspantigen Booten in keiner Weise mehr zurückstehen und doch den Vorzug einer möglichst einfachen und daher billigen Herstellungsweise haben. (Vgl. weiter unten die entsprechenden Boote mit 15 und 20 qm Segelfläche.)

Reichliche Breite über Deck und in der W. L. ergeben ein geräumiges Kokpit und viel Stauraum; das Boot bietet trotz seiner beschränkten Gesamtgröße Raum für drei Mann mit Gepäck.

Das Mastlegen ist sehr einfach, da der Mast in zwei Längsschienen drehbar hängt und am Fuß nur mit einem Stift am Kielschwein verriegelt ist, während er Festigkeit durch eine reichliche Abstagung erhält. Er ist in der Schiene um 25 cm versetzbar, was zur Laterierung für ein ev. Vorsegel und auch in verschiedenen Windstärken erwünscht ist.

Als Baumaterial ist neben Gabun Kiefer vorgesehen, was natürlich erheblich billiger ist. Bei sachverständiger Bearbeitung und gutem Anstrich ist Kiefer praktisch den anderen Hölzern nicht unterlegen.

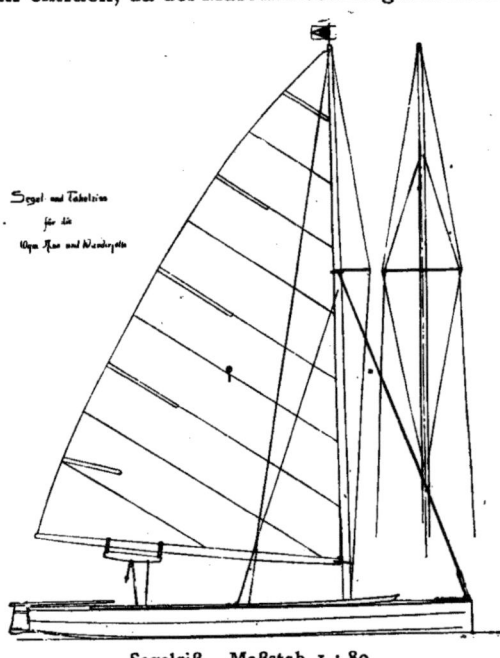

Segelriß. Maßstab 1 : 80.

Der Vorteil des Schipjackbaues gegenüber dem runden Typ ist nicht nur in der Ersparnis an Arbeitszeit begründet, sondern auch in einer wesentlichen Holzersparnis, die sich aus der Verwendung fertig zugehobelter Plankendicken ergibt.

Der erheblichste Vorteil dieses Baues in Punkto Preislage wird sich erst beim Serienbau ergeben, da sich hierbei in viel höherem Maßstabe das Zuschneiden aller Teile vereinfacht als beim Rundspantbau.

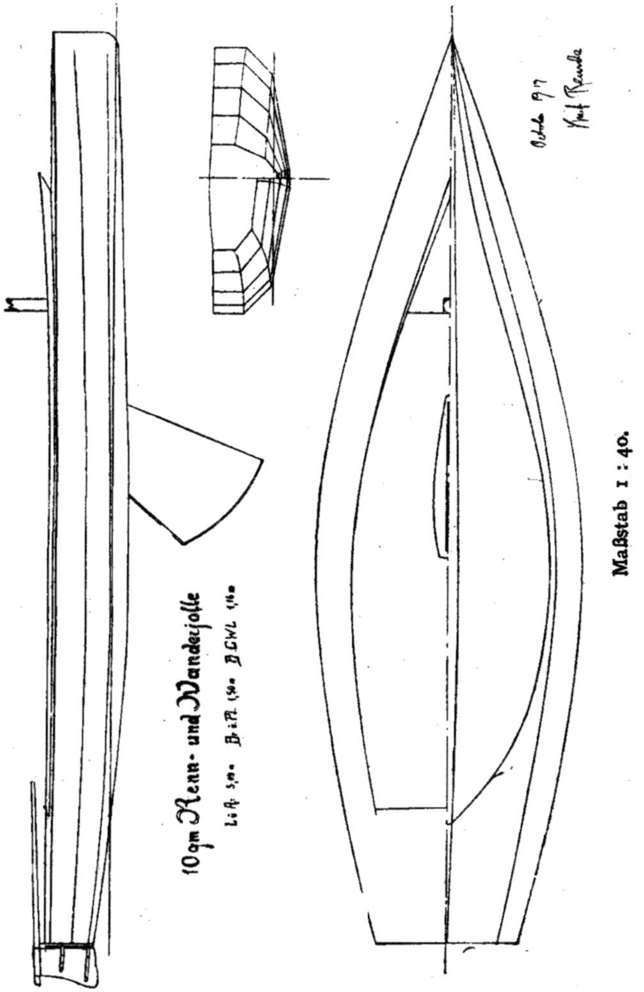

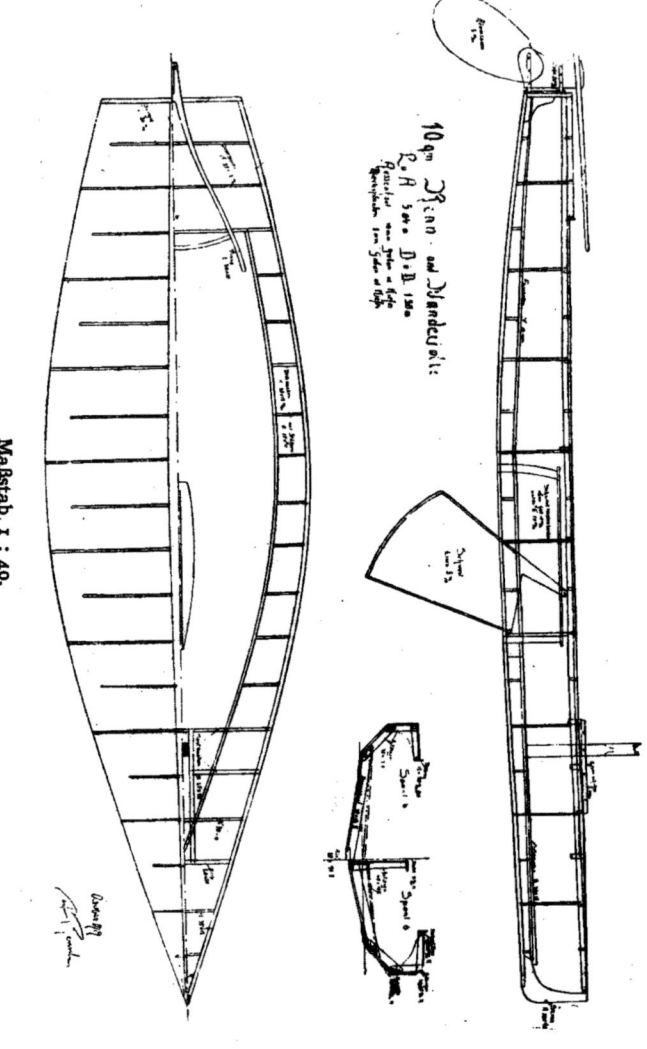

Maßstab 1 : 40.
Länge ü. A. 5,04 m, Breite über Planken 1,50 m, gr. Breite C. W. L. 1,16 m.

10 qm-Boot nach den Vorschriften des Bayr. Sharpie-Verbandes,
entworfen von Schiffbau-Ingenieur A. Harms.

Die Boote nach den Münchener Vorschriften sind schnelle und trotz der Scharpievorschrift schöne und schnittige Schiffe. Das Bootchen ist nicht übermäßig stabil, was für ein flottes Rennboot, wie das vorliegende, ja auch nicht erforderlich ist.

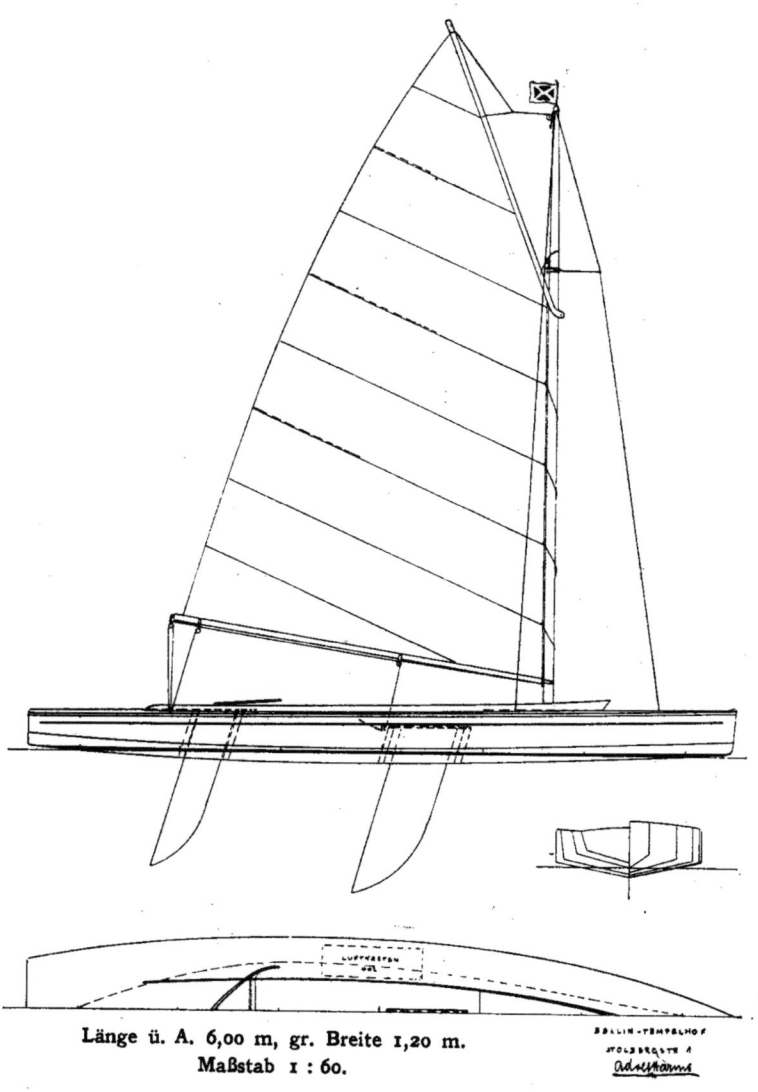

Länge ü. A. 6,00 m, gr. Breite 1,20 m.
Maßstab 1 : 60.

„Grad dör"
entworfen von Reinhard Drewitz, Berlin.

Grad dör im Rennen.

Ein Boot mit flachem Boden und runden Seitenwänden, das auf dem Wasser durchaus den Eindruck eines völlig rundspantigen Bootes macht. Das Boot hat sich auf längeren Turen als handig, schnell und bequem bewährt. Jollen dieser Art können auch Anfängern als gute und einfach zu handhabende Boote empfohlen werden. Es ist in den letzten Jahren wiederholt nachgebaut worden. Dabei ist die im Segelriß gezeichnete Segelfläche von 11 qm auf 10 qm reduziert, ohne die Schnelligkeit merklich zu beeinträchtigen. Zur Illustrierung des oben über Anschaffungskosten und Verkaufspreis Gesagten führen wir noch an, daß das Boot 1908 für den märchenhaften Preis von 290 Mark (Eiche und Pitchpine) gebaut und seitdem regelmäßig zu teurerem Preise verkauft wurde.

Segelriß.   Maßstab 1 : 120.

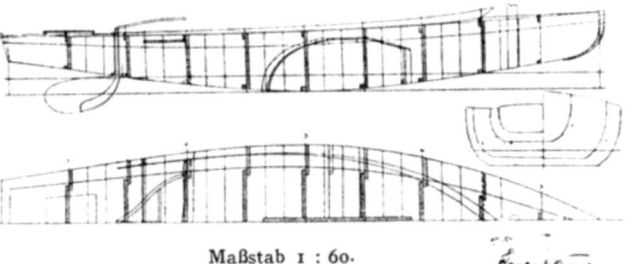

Maßstab 1 : 60.
Länge ü. A. 5,08 m, gr. Breite 1,35 m.

Ein 10 qm-Scharpie-Prahm,

entworfen von Walter Peschel, Warnemünde.

Dieses Fahrzeug hat sich nicht nur auf dem Breitling und der Warnow, sondern auch an der Ostseeküste bestens bewährt. Es ist ein ganz besonderes Vergnügen, bei langer Dünung mit einem so leichten Boot zu segeln, besonders bei einer etwa 4—6 m/sec. betragenden Windstärke auf raumen Kursen. Das Boot kommt dabei bis zu den Backstagen aus dem Wasser und schießt dann wie ein Gleitboot über die Seen, ohne daß grünes Wasser, von Spritzern abgesehen, in den Raum dringt. Daß das Boot bei böigem West, der im Durchschnitt auf 10 m/sec. gemessen wurde, von zwei Mann mit Vollzeug gesegelt wurde, möge weiter für die hervorragende Brauchbarkeit des Prahmtyps in dieser kleinen Größe sprechen.

Eine weitere Verwendungsmöglichkeit des Typs liegt ferner darin, daß das Boot nach Entfernung von Takelage, Schwert und Ruder als Punt mit zwei kanadischen Stech-

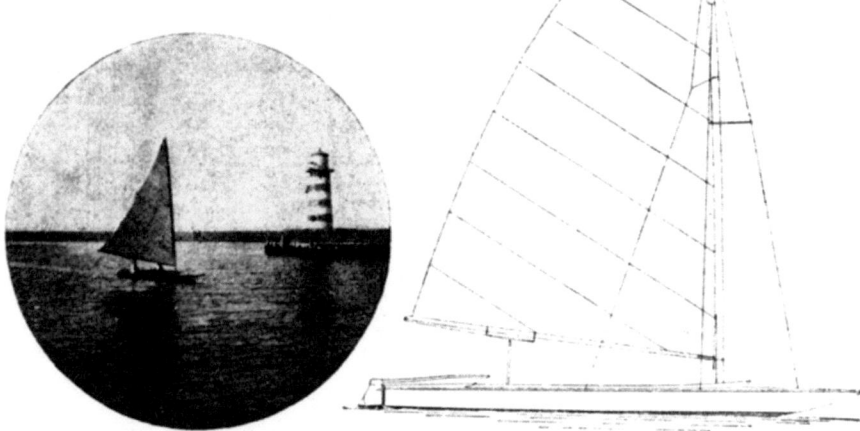

Segelriß. Maßstab 1 : 80.

paddeln gefahren werden kann. Durch die günstige Form des Unterwasserschiffs ist die Geschwindigkeit erwiesenermaßen der eines normalen Doppelpaddelbootes zumindest gleich.

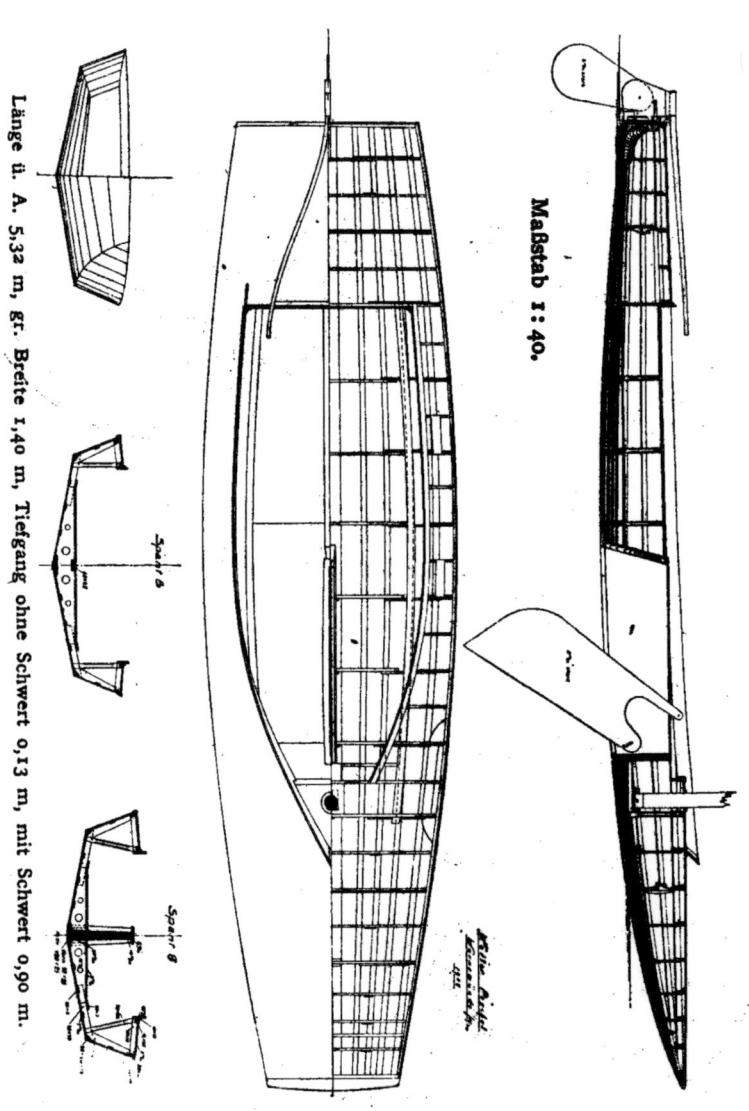

Länge ü. A. 5,32 m, gr. Breite 1,40 m, Tiefgang ohne Schwert 0,13 m, mit Schwert 0,90 m.

Maßstab 1:40.

„Fidus",
entworfen von Ernst Bruns, Berlin.

Eine aus dem Vorjahre stammende 10 qm-Jolle, die sich als außerordentlich steif bewiesen hat und daher namentlich bei frischer Brise beachtenswerte Erfolge aufzuweisen hatte.

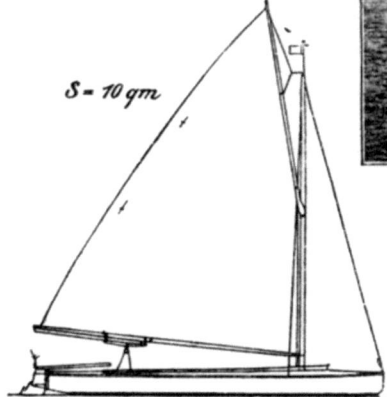

Maßstab 1:100.

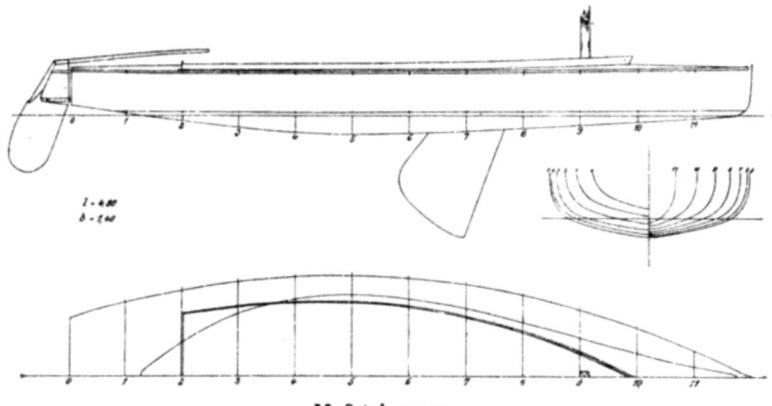

Maßstab 1:50.
Größte Länge 4,80 m, größte Breite 1,40 m.

„Rüpel",
entworfen von Fr. Priester †.

Ein schnelles Boot, das sich mit Aussicht auf Erfolg an Regatten beteiligen kann. Genügende Bewegungsfreiheit für 2—3 Personen bei Turenfahrten. Plankenstärke nur 4 mm, um Gewicht zu sparen. Um absolute Dichtigkeit des Bootskörpers zu erzielen, ist die Außenhaut ebenso wie das Deck mit Segeltuch bezogen. Durch diese Bauweise kann auch ein weniger edles Holz, wie sonst üblich, z. B. Lärche, Verwendung finden, so daß die Mehrkosten reichlich aufgewogen werden, und nur für stärker beanspruchte Verbandteile Eiche, also nur inländische Hölzer.

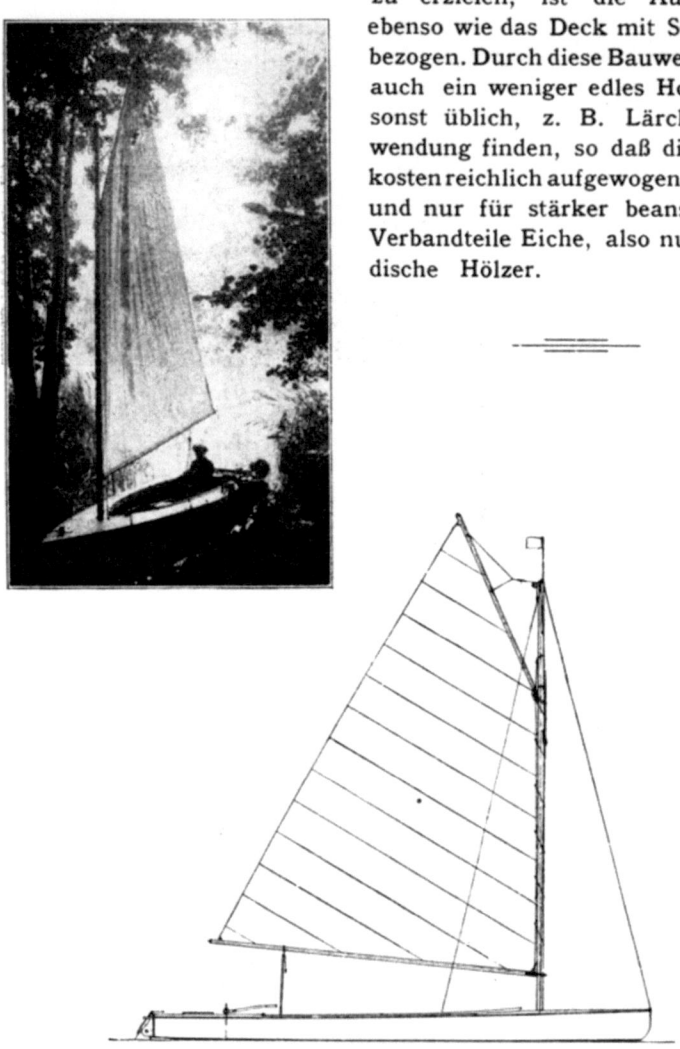

Segelriß. Maßstab 1 : 80.

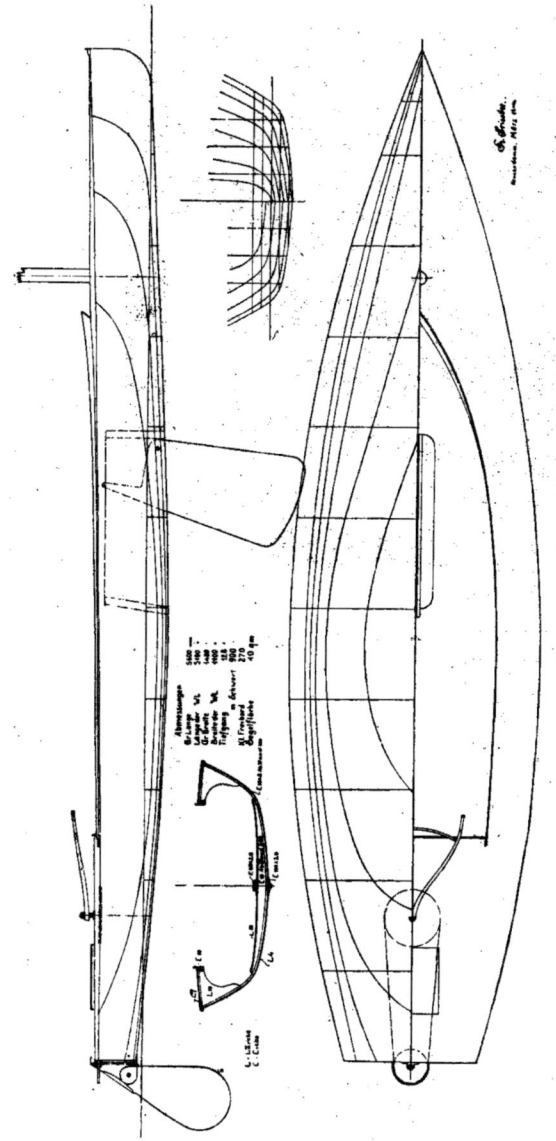

Linien- und Spantriß.
Maßstab 1 : 40. Länge ü. A. 5,60 m, gr. Breite 1,40 m. Gr. Breite in der Wasserlinie 1,00 m.

10 qm-Renn-Jolle,

entworfen von F. Gärsch-Friedrichshagen.

Eine als Klassenboot gebaute, leichte und schnelle Jolle, die mit über 5 m Länge bereits dem größten Typ der 10 qm-Jolle angehört. Diese Boote sind für nicht gar zu verwöhnte Segler auch schon für längere Wanderfahrten durchaus geeignet, weil sie Schlaf- und Stauräume von gerade hinreichenden Abmessungen bieten. Die schlanken Formen in Verbindung mit der steilgestellten Takelage bieten auf dem Wasser einen außerordentlich ansprechenden, schnittigen Eindruck.

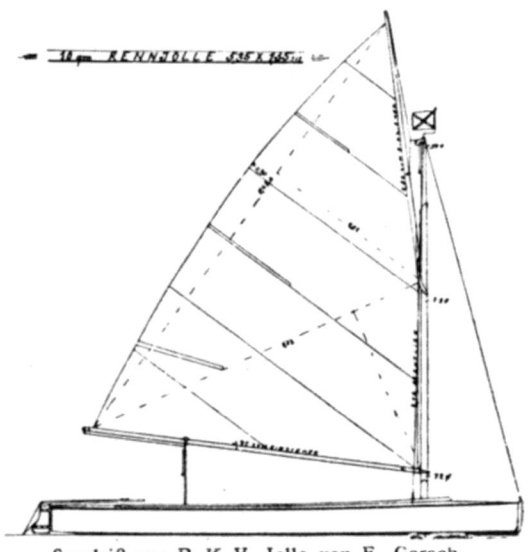

Segelriß zur B. K. V.-Jolle von F. Garsch.
Maßstab 1 : 80.

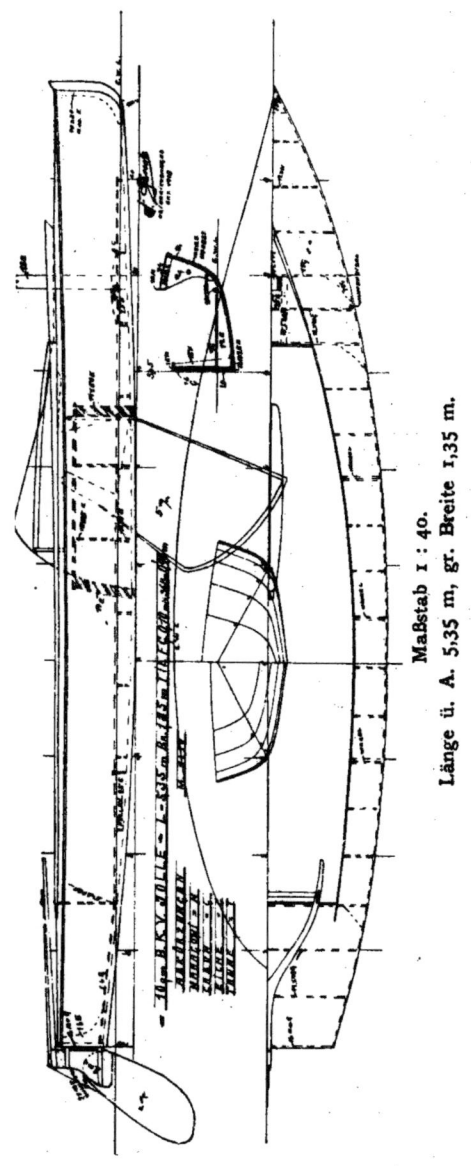

Maßstab 1 : 40.
Länge ü. A. 5,35 m, gr. Breite 1,35 m.

10 qm-Rennjolle Puck,
entworfen von Ernst Bruns.

Bemerkenswert an diesem Boot ist die große Breite. Das Verhältnis von Länge zur Breite ist 1 : 3.57. Das kleine Fahrzeug soll in fast allen Rennen nur von einem Mann von ca. 1,85 m Länge und 80 kg Gewicht gefahren werden. Es wird sich bei kleinen und mittleren Windstärken dabei immer aufrecht segeln lassen. Daher die langen, im Vor- und Achterschiff äußerst schlanken Linien. Der durch die größere Breite bedingte Fahrtverlust bei raumen Winden wird überreichlich durch das bessere Am-Windsegeln ausgeglichen. Durch die eigenartige Linienführung ist außerdem erzielt, daß das Boot beim Überliegen bei einem bestimmten Grade der Krängung auf ganz schlanker, gewöhnlich nur bei Prähmen zu erzielender Wasserlinie segelt. Der Hebelarm des lebenden Ballastes wächst dabei in außerordentlichem Maße. So wird dieses sonst ziemlich ranke Boot bei geringer Lage äußerst stabil. Durch die vorgesehene leichte Bauart wird die Feinfühligkeit noch erhöht, und das Segeln dürfte bei jeder Brise für den geschickten Segler ein ganz besonderer Genuß sein. Auf Saling und Backstagen wird verzichtet. Auf solch kleinen Booten ist bei der hohen Lage des Gaffelschuhs der Nutzen einer Saling nur gering. Das bauchige Segel wird bei Brise durch ein solches von flachem Schnitt ausgewechselt.

Segelriß. Maßstab 1 : 60.

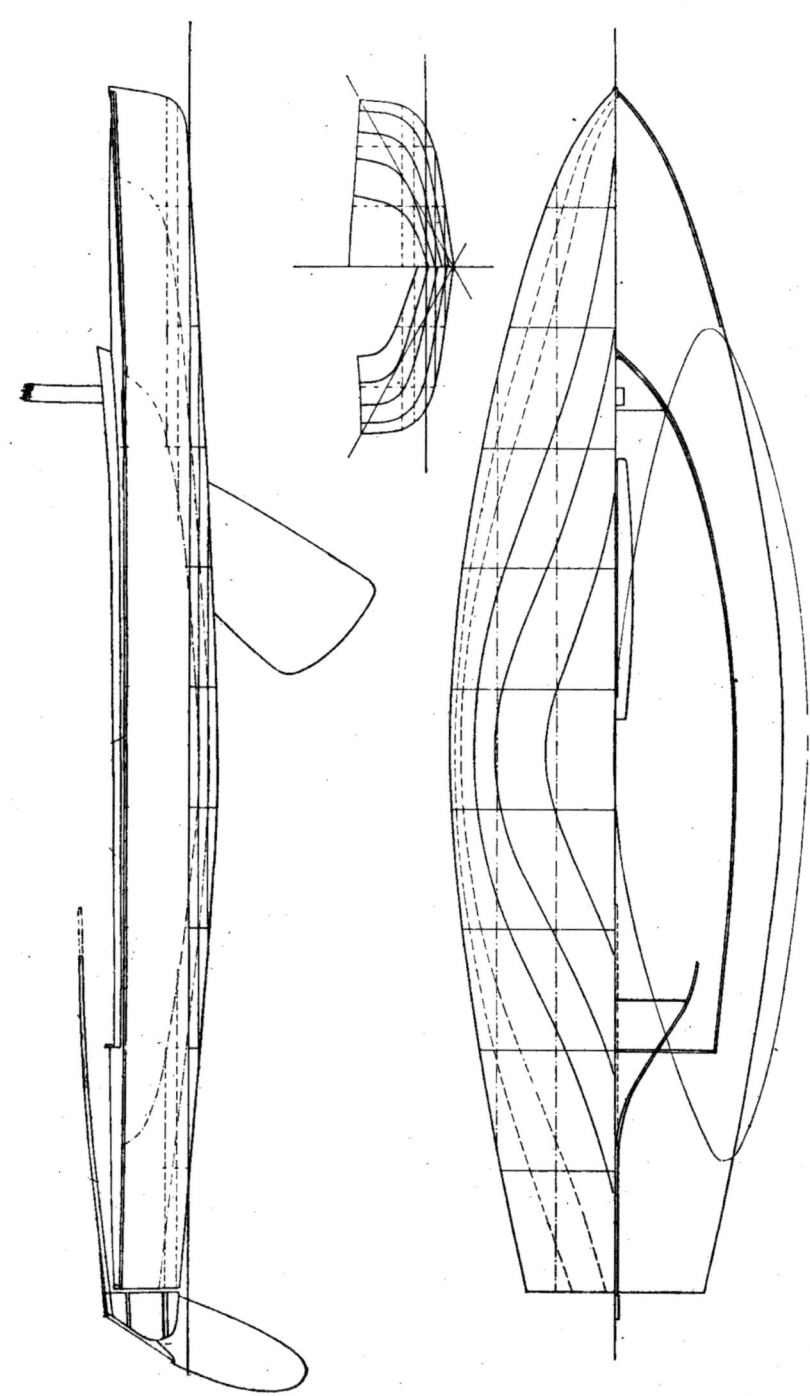

Maßstab 1 : 30. Länge ü. A. 5,00 m, gr. Breite 1,40 m.

„Erdgeist",

entworfen von Reinhard Drewitz, Berlin.

Eine sehr handige und als Rennboot außerordentlich erfolgreiche kleine Jolle des letzten Jahres. Gerade in dieser kleinen Klasse hat das verflossene Jahr gezeigt, daß noch erhebliche Fortschritte an Schnelligkeit gegenüber den älteren Booten zu erzielen waren und daß die 10 qm-Jollen nicht allzu wesentlich hinter den 15 qm-Booten an Geschwindigkeit zurückzustehen brauchen.

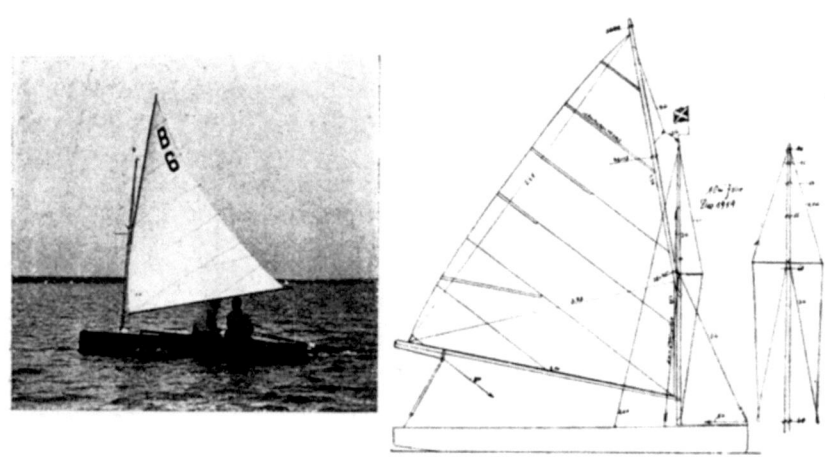

Maßstab 1:100.

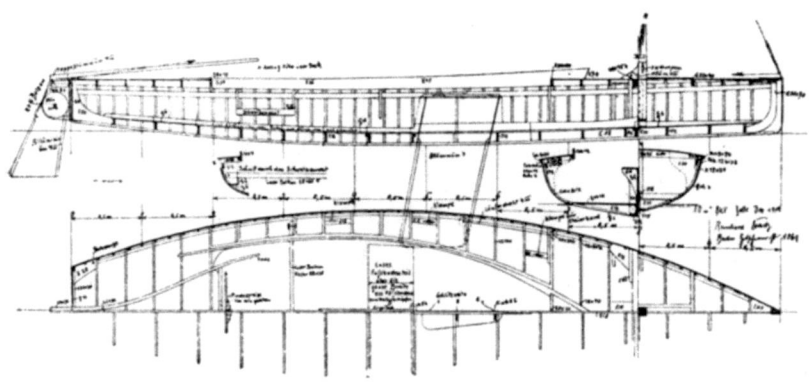

Maßstab 1:50.
Größte Länge 5.00 m, größte Breite 1,40 m.

Donau-Jolle,

entworfen von Marinebaumeister Neesen, Warnemünde.

Die umstehenden Risse wurden im Frühsommer 1917 für ein Mitglied des K. K. Union-Yacht-Club Wien hergestellt. Für die Gewässer der alten Donau wurde vom Union-Yacht-Club die Klasse IV des B. K. V. übernommen. Nur sind nach den österreichischen Vorschriften die Boote klinker zu bauen. — Da die an der Donau vorherrschenden Winde umspringend, böig und im Frühjahr, der Haupt-Wettfahrtzeit, sehr stark sind, wurde ein ziemlich langer Bootskörper gewählt, mit schlanker und für kurzen steilen Seegang günstigen Formen. Da eine Kontrolle des Konstrukteurs über Bauausführung und Segelanfertigung nicht ausgeübt werden konnte, wurden, wie aus der Bauzeichnung ersichtlich ist, solide Baustoffe und reichliche Abmessungen gewählt. Aus demselben Grunde wurde die sonst für das Boot äußerst günstige Markonitakelung verworfen.

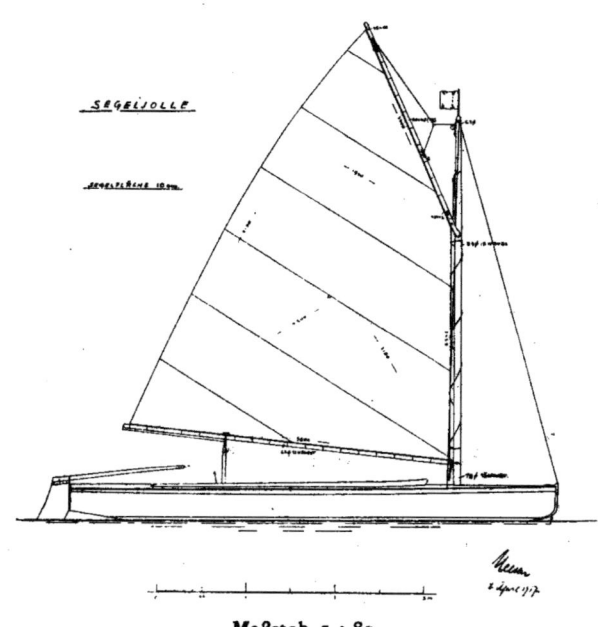

Maßstab 1 : 80.

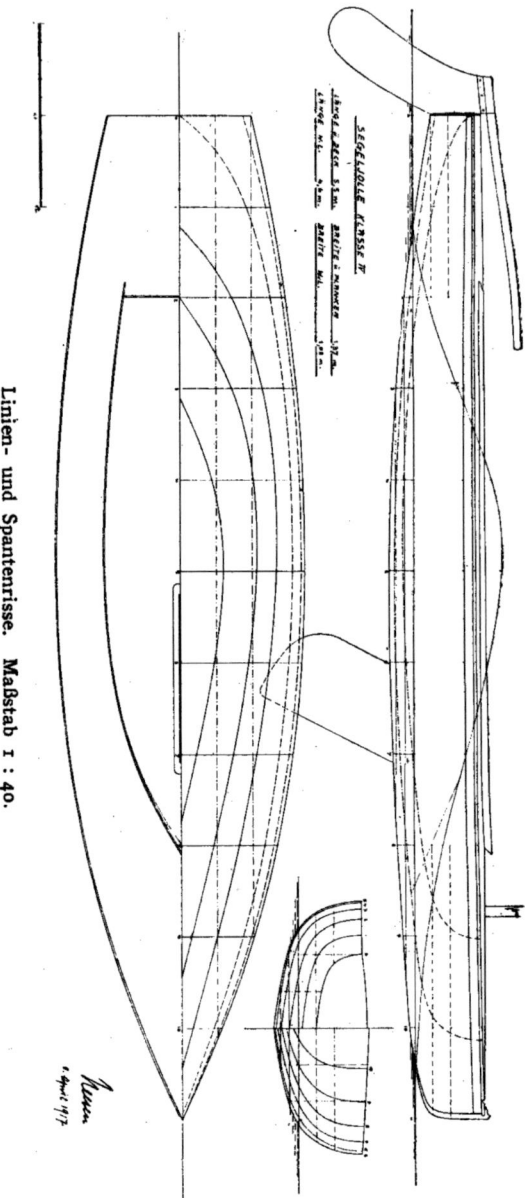

Linien- und Spantenrisse. Maßstab 1 : 40.
Länge ü. A. 5,50 m, gr. Breite 1,37 m. Länge C. W. L. 4,60 m, Breite C. W. L. 1,08 m.

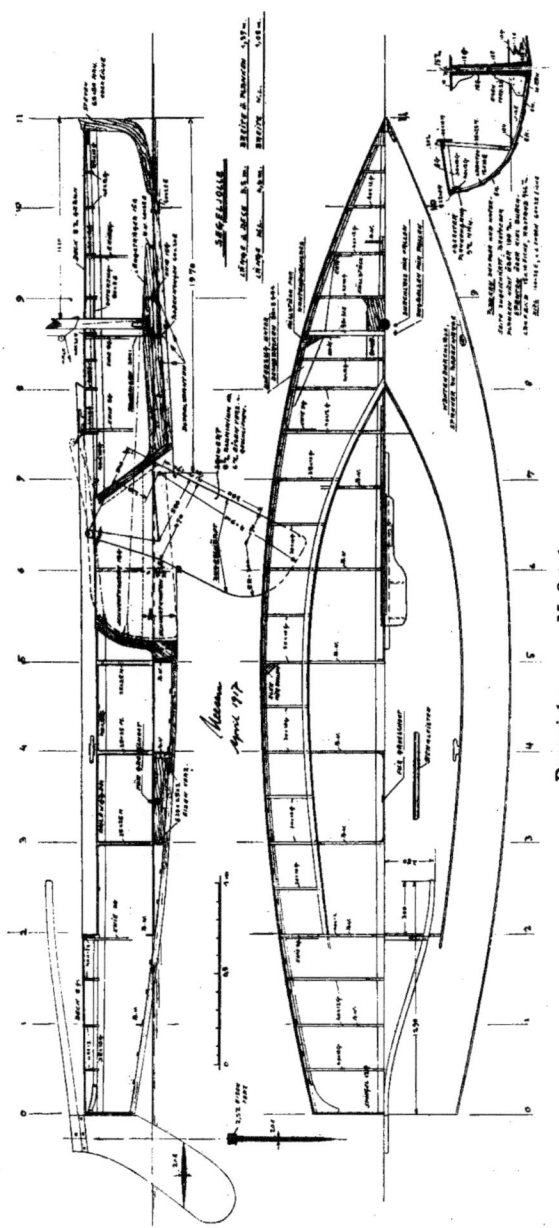

Bauzeichnung. Maßstab 1 : 40.
Länge ü. Deck 5,5 m, Breite ü. Planken 1,37 m. Länge C. W. L. 4,60 m, Breite C. W. L. 1,08 m.

Rigaer Einheitsjolle mit 10 qm Segelfläche.

Eine nach den Erfahrungen des Preisausschreibens der Wettfahrtvereinigung Berliner Jollensegler konstruierte Einheitsjolle für Deutsch-Rußland. Das Boot lehnt sich in seiner gesamten Formengebung an die Siegerin dieses Preisausschreibens, die Jolle Wera III (vgl. S. 94), aufs engste an. Ein Vergleich der beiden Boote ist auch für den praktischen Segler sehr interessant. Ob die Abweichungen (hölzernes Ruder und sogar hölzernes Schwert) auch für ein soviel kleineres Boot Verbesserungen darstellen, darf man füglich bezweifeln.

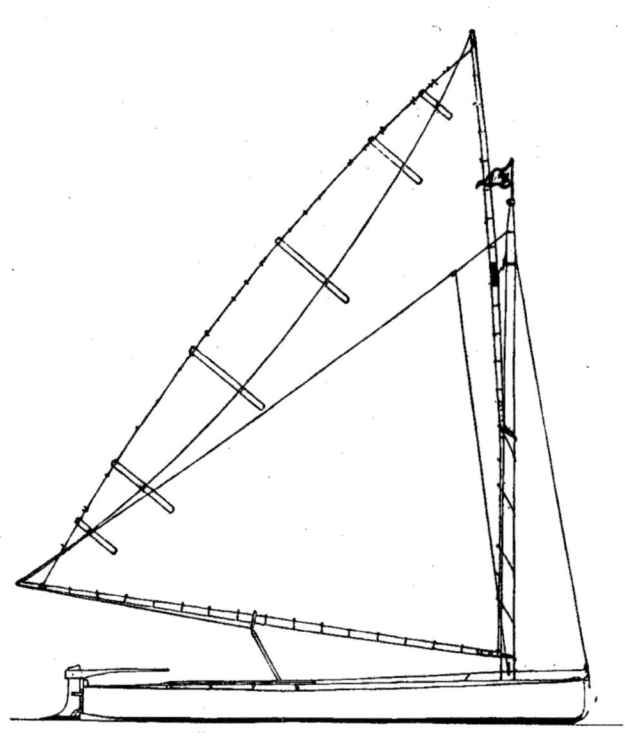

Segelriß zur Rigaer Jolle. Segelfläche 10 qm.
Maßstab ca. 1 : 59.

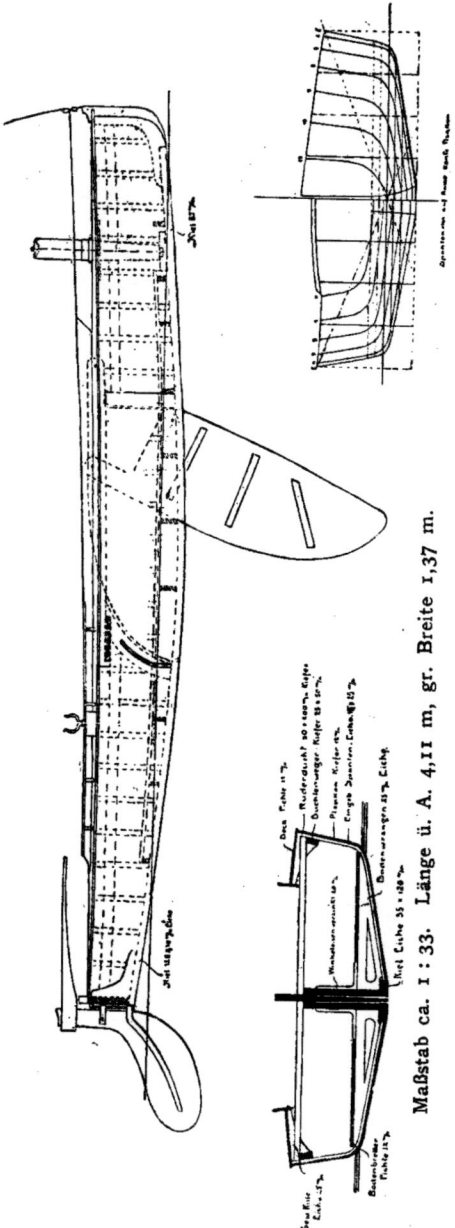

Maßstab ca. 1 : 33. Länge ü. A. 4,11 m, gr. Breite 1,37 m.

10 qm-Weser-Jolle,
entworfen von Ferd. Grünhagen, Bremen.

Vorliegender Entwurf hat ein steifes und dabei schnelles Boot ergeben, das sich bei schwerem Wetter gut bewährt. Es sind mehr als 10 Boote dieser Klasse vorhanden, jedoch mit 12 qm Besegelung. Die neuen Vorschriften ermäßigen die reichliche Segelfläche auf 10 qm und schaffen so für die Verhältnisse der unteren Weser mit ihrem rauhen Wasser und rauhem Wetter sehr geeignete Boote. Ein Vergleich dieser Vorschriften mit den für Binnengewässer bestimmten des Berliner Kleinsegler-Verbandes ist recht interessant. Die Weser-Vorschriften lauten:

Schwertjolle, Länge + Breite 6,30 m, Breite über Deck 1,50 — 1,55 m, Freibord mindestens 0,37 m. 10 qm Cattakelung. 10 mm Eiche klinker.

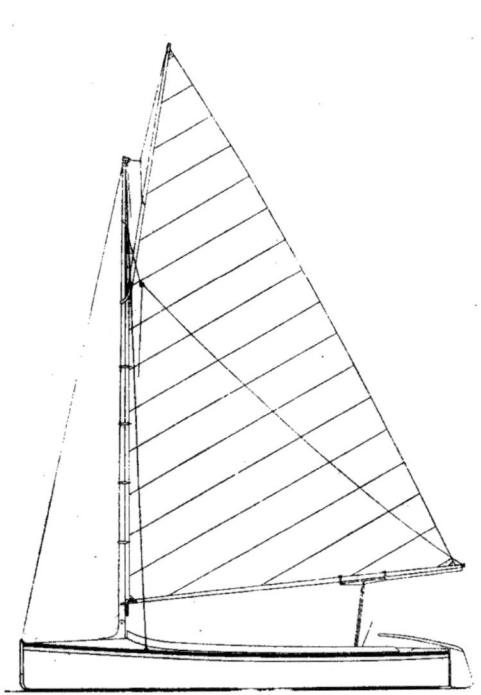

Segelfläche 10 qm. Maßstab 1 : 80.

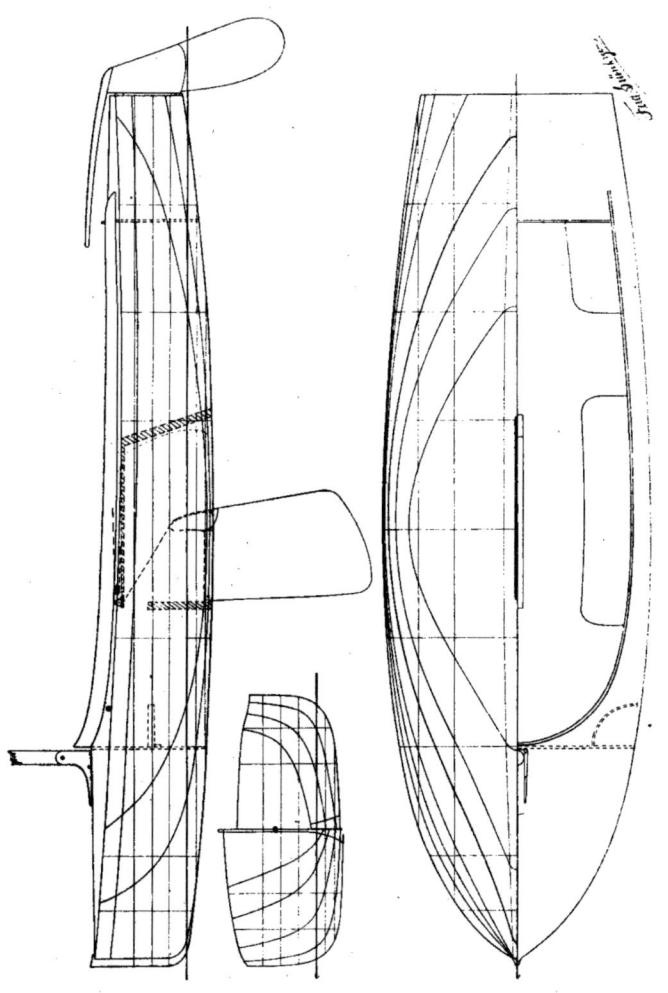

Maßstab 1 : 40. Länge ü. A. 4,80 m, gr. Breite 1,50 m.

C. Jollen über 10 bis 15 qm Segelfläche.
Klassen III und IIIa des B. K. V.
15 qm-Rennjolle in Scharpiebauart,
entworfen von W. Duwe, Bremen-Vegesack.

Die hier wiedergegebenen Risse zeigen eine Scharpie mit V-förmigem Unterwasserschiff. Das Boot ist als reines Rennboot konstruiert und erbaut und dementsprechend in seiner Bauausführung so leicht wie möglich gehalten. Die Wasserlinie ist außerordentlich lang; da das Heck zu Wasser liegt, so ist der Scharpie-Charakter für den oberflächlichen Beobachter bei dem schwimmenden Boot nicht zu erkennen.

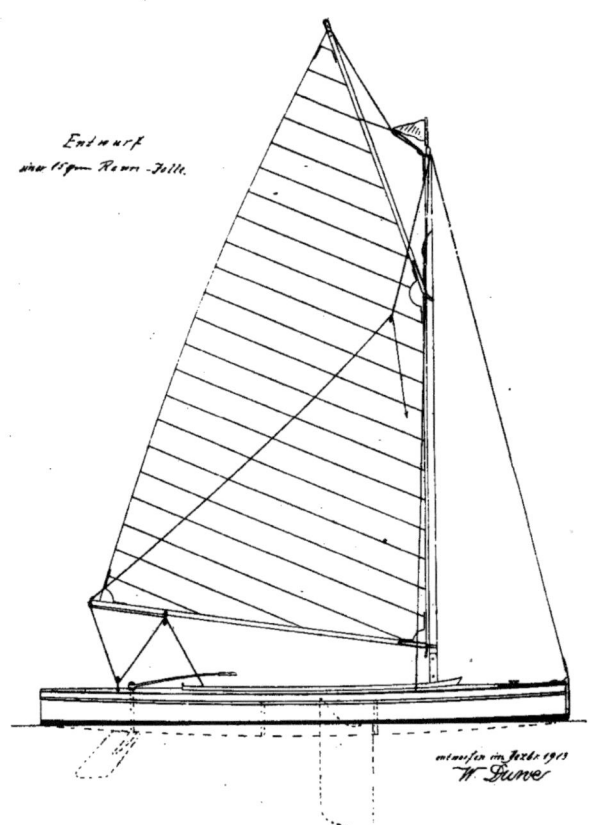

Segelriß. Maßstab 1 : 80.

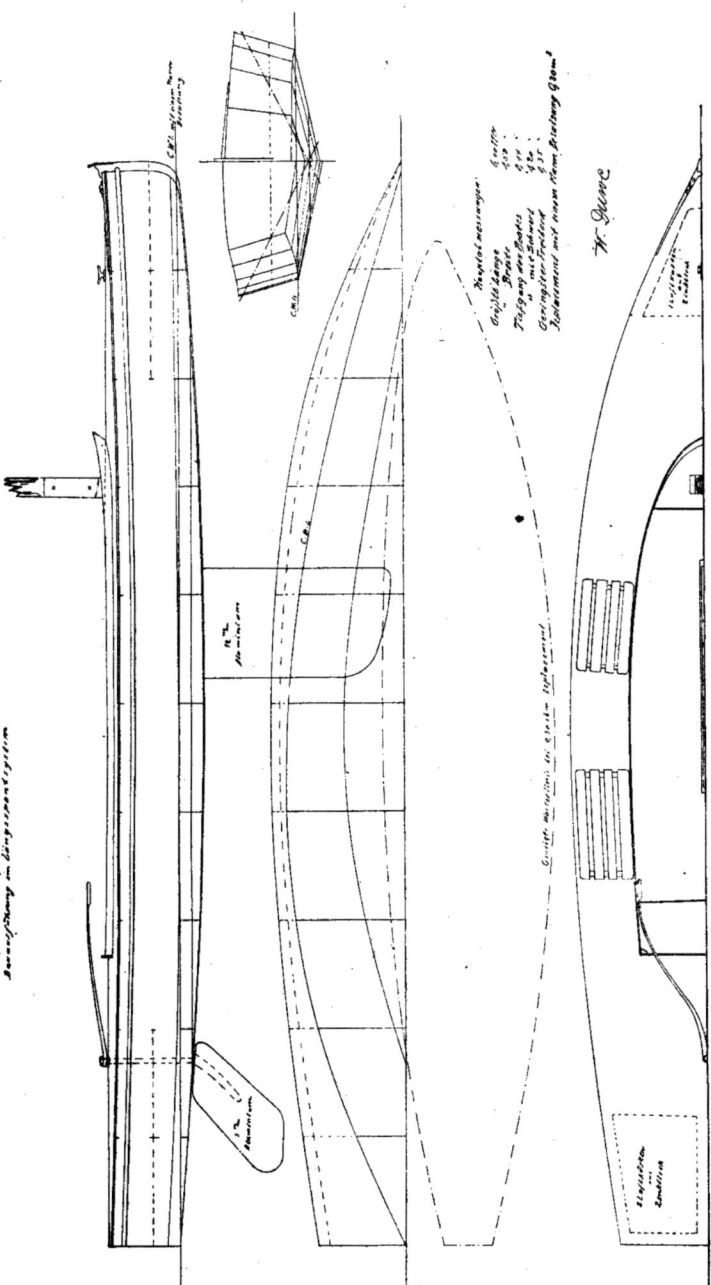

Maßstab 1 : 40. Länge ü. A. 6,00 m, gr. Breite 1,50 m, Tiefgang des Bootes 0,14 m, Tiefgang mit Schwert 1,20 m, geringster Freibord 0,35 m.

„Sirius II",
entworfen von Kurt Jaekel.

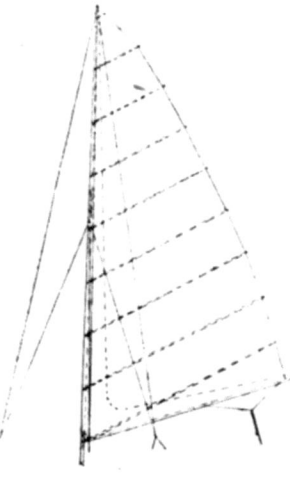

Der zweite Sieger in dem bekannten Preisausschreiben der W. B. J. aus dem Jahre 1912. Das Boot mit den ungewohnten Formen, die aber bei Krängungen und in der Seitenansicht (wie gesagt und aus dem obenstehenden Bilde zu erkennen) sich sehr zu ihren Gunsten verändern — auch für sogenannte „normale" Augen.

Die guten Eigenschaften des Bootes zeigten sich namentlich bei frischer Brise und vor allem beim Kreuzen. Das Boot besitzt eine außerordentlich große Anfangsstabilität, die es ihm ermöglicht, auch noch bei steifer Brise sein hochgestelltes Segel

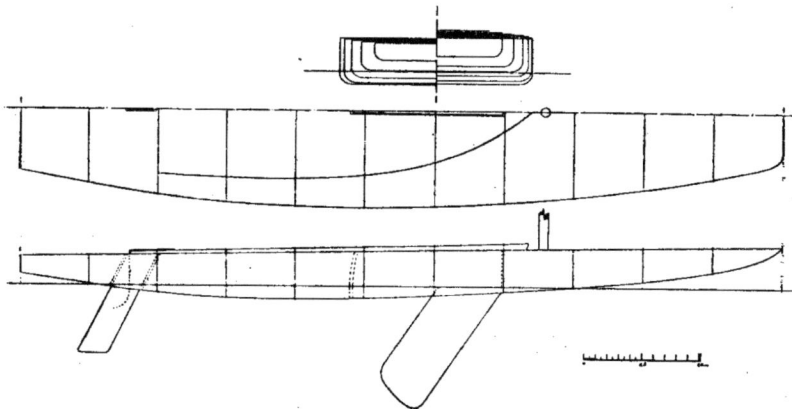

Maßstab 1 : 60. Länge ü. A. 6,60 m, Breite 1,65 m, Segelfläche 14 qm.

bequem zu tragen. Dieses ist zur Vermeidung von Windwirbeln taschenartig über die Spieren gestreift. Die Form des Segels ist nach den im Flugzeugbau gemachten Erfahrungen gewählt und scheint sich für Boote dieser Stabilität sehr gut zu eignen.

Das Boot ist als reines Rennboot gebaut worden mit der ausgesprochenen Absicht, nach den Regatten um den Tausendmarkpreis durch Einbau eines festen Decks und eines leicht niederholbaren Segels zum Turenboot umfrisiert zu werden. Das ist später geschehen, ohne daß eine Verringerung der Geschwindigkeit sich bemerkbar gemacht hat. Wegen der Geräumigkeit, Stabilität und trotzdem vorhandenen Schnelligkeit findet dieser Typ auch gerade unter den Turenseglern seine Liebhaber.

15 qm-Jolle „Schieber",
entworfen von Marinebaumeister A. Neesen.

Den Wasserverhältnissen des Breitling bei Warnemünde angepaßt, entstand der „Schieber". Um eine möglichst einfache und schnelle Bauweise zu erreichen, wurde die Scharpieform gewählt und leichte Hölzer bei genügend starken Verbänden verwendet. Um an den Ufern des Breitlings und der Warnow überall beim Landen bequem nach vorn aussteigen zu können, wurde das Boot vorn breit gemacht, ohne Steven. So kann man selbst bei stilliegendem Boot seitlich am Mast ohne irgendwelche Verrenkungen des Körpers vorbeikommen. Das Boot hat sich als sehr schnelles und äußerst angenehmes Turenboot erwiesen. Die Stabilitätsverhältnisse sind sehr gut, so daß eine Person bei einer Windstärke von 10 m/sec. noch gut ungerefft segeln kann.

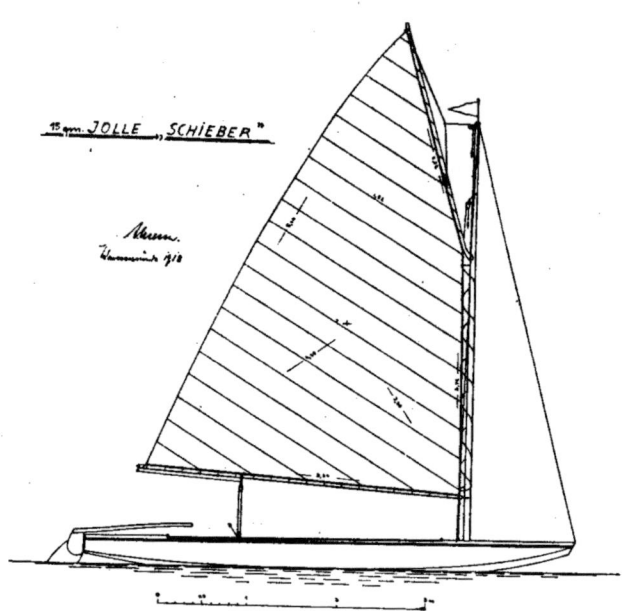

Segelriß zur 15 qm-Jolle „Schieber".
Maßstab 1 : 80.

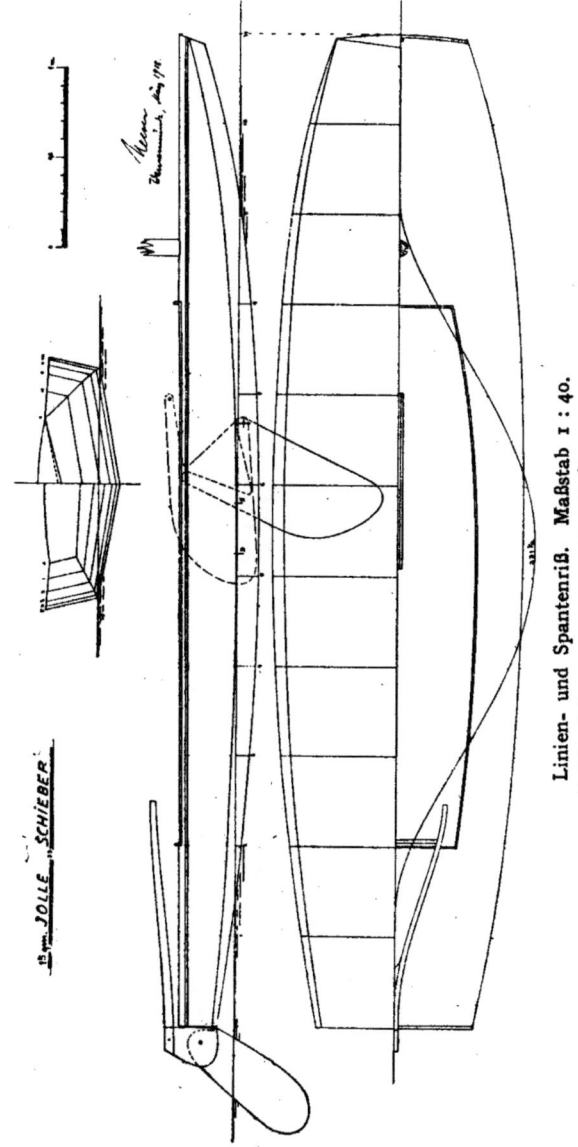

Linien- und Spantenriß. Maßstab 1 : 40.
Größte Länge 5,50 m, größte Breite 1,40 m.

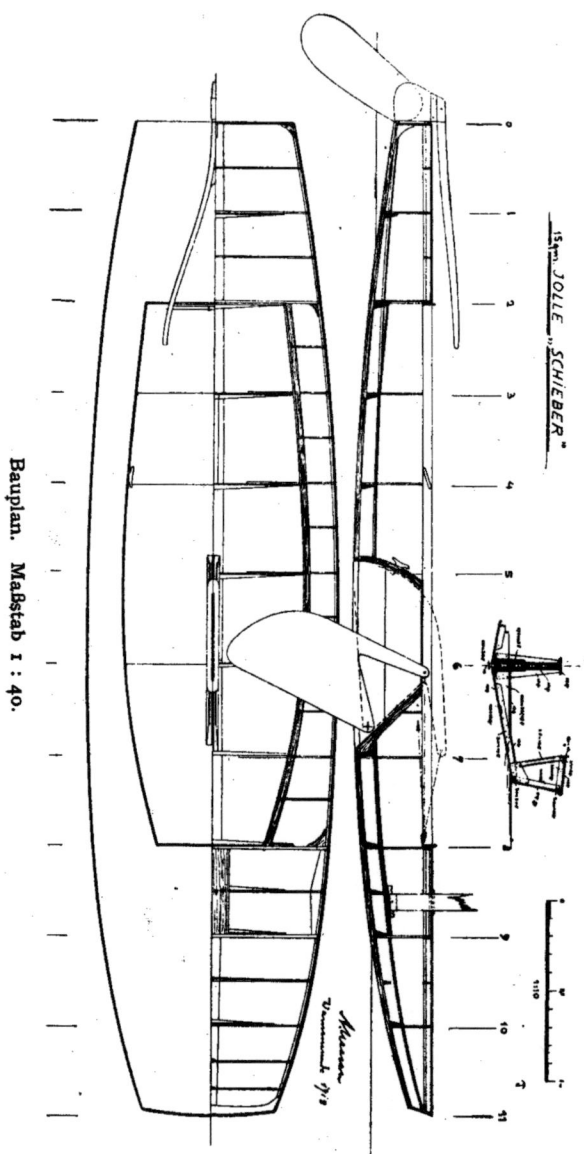

Bauplan. Maßstab 1 : 40.

„Na wenn schon", 14 qm-Jolle,
entworfen von Schiffbau-Ingenieur Robert Köcher.

Das Boot wurde im Frühjahr 1912 auf einer kleinen Bootswerft in der Nähe Berlins gebaut und erwies sich als flinkes, stabiles Fahrzeug, das sich auch leicht rudern ließ.

Der Preis für das in Eiche geklinkert ausgeführte Boot betrug 600 Mark, doch entsprach die Bauausführung durchaus nicht den Anforderungen, die billigerweise gestellt wurden.

Obgleich die Bootswerft einen sehr genauen Riß erhalten hatte mit Spantenriß in natürlicher Größe und eingehenden Vorschriften über die Bauausführung, war das Boot sehr stark davon abweichend ausgefallen.

Die Länge war um viele Zentimeter kürzer, „dafür" die Breite größer, die Spieren waren bessere Bohnenstangen, der Spinnaker fehlte gänzlich und dergleichen mehr. So bildete das Boot ein typisches Beispiel für das, was wir oben über die zur sachgemäßen Bauaufsicht nötigen Kenntnisse und Zeit sagten.

❖ ❖ ❖

Maßstab 1 : 120.
Großsegel 11,10 qm, Vors.-△ 2,40 qm.

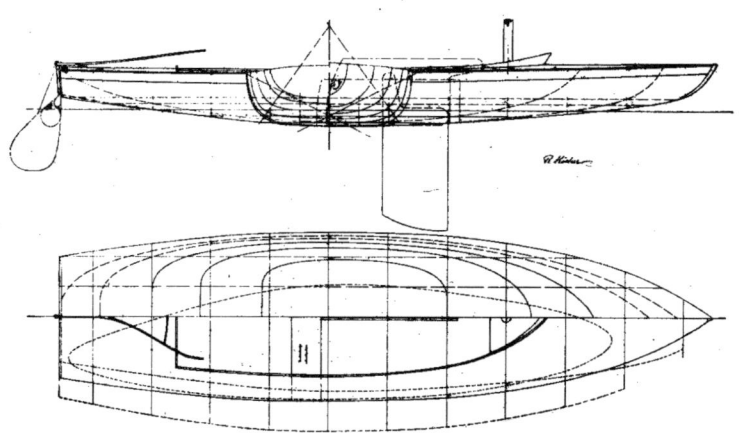

Maßstab 1 : 60.
Länge ü. A. 5,55 m, gr. Breite 1,40 m.

„Wera III",
entworfen von Reinhard Drewitz, Berlin.

Die viel umstrittene Siegerin im Preisausschreiben der W. B. J. im Jahre 1912. Die von keiner Seite bezweifelten guten Eigenschaften des Bootes sind: 1. Schnelligkeit bei Flaute und leichtem Winde, 2. Geschwindigkeit auf raumen Kursen, wie sie bis dahin von keiner anderen Jolle erreicht worden war, 3. spielend leichte Ruderbarkeit. Umstritten sind 1. die Stabilitätsverhältnisse des Bootes (die Konstruktion rechnet vor allem mit einer möglichst günstigen Wirkung des Hochbordballastes), 2. die Eigenschaften des Bootes beim Kreuzen in steifer Brise, 3. die Brauchbarkeit für Turenfahrten.

Das Boot ist als Rennboot entworfen und gebaut, und hat durch seine Erfolge in den Regatten des Preisausschreibens seine überlegene Schnelligkeit bei jedem Winde bewiesen. Daß

Segelriß. Maßstab 1 : 120.

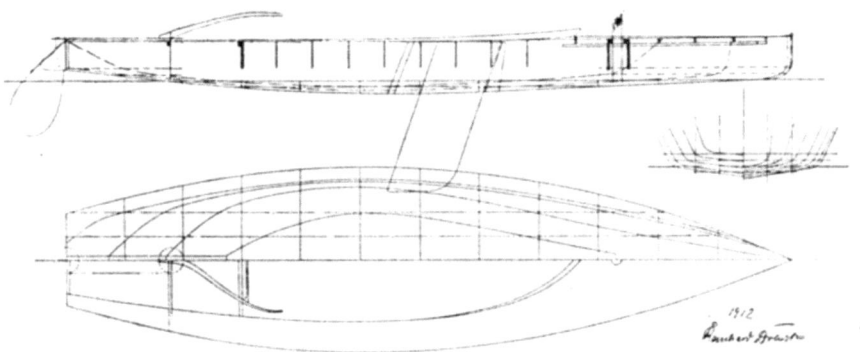

Maßstab 1 : 60. Länge ü. A. 6,11 m, Breite 1,53 m.

diese Erfolge in erster Linie auch auf den Bootstyp zurückzuführen waren, bewies das Schwesterboot **Woge II**, das damals den 3. Platz im Gesamtklassement nur durch Protest verlor.

Die Jollen sind in der Hand eines guten Seglers auch für Wanderfahrten auf unseren Binnengewässern durchaus geeignet.

„Ulla II",

entworfen von Schiffbau-Ing. A. Harms, Berlin.

Ulla II, die bekannte 15 qm-Jolle, die in ihrer Klasse lange Zeit ein unbesiegbares Boot war, und von der noch im Oktober 1918 der „Segelsport" schrieb: „Ulla zu schlagen, muß der Ehrgeiz aller Neubauten sein, ein Ziel, des Schweißes der Edlen wohl wert!" Sie ersegelte sich auch im Herbst 1919 in 4 Wettfahrten noch 2 erste und 2 zweite Preise.

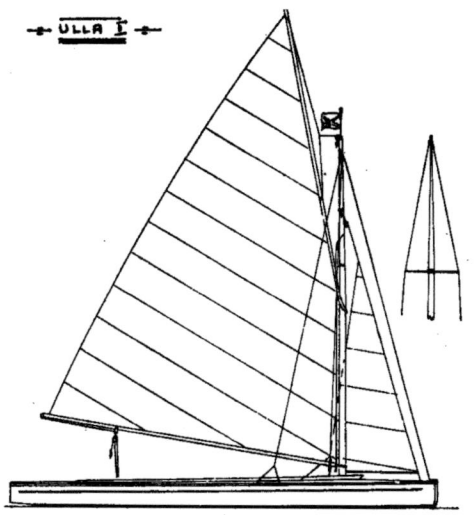

Maßstab 1 : 100.

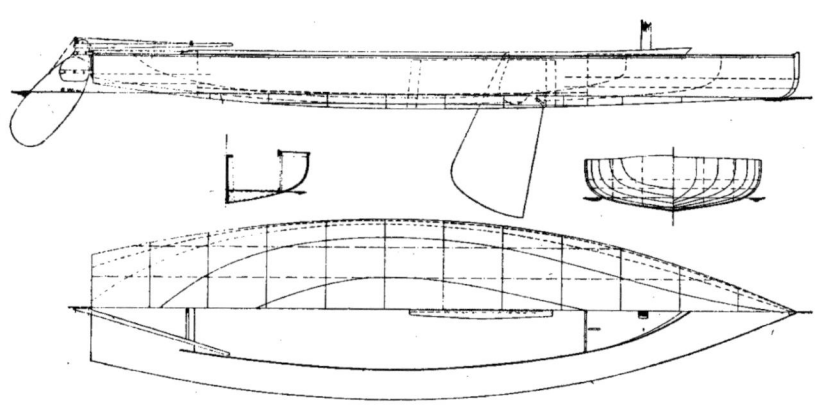

Maßstab 1 : 60.
Länge ü. A. 6,00 m, gr. Breite 1,50 m.

15 qm-Jolle Trude IV,

entworfen von F. Gärsch, Friedrichshagen.

Ein erfolgreicher neuerer Vertreter der 15 qm-Klasse, der auf Grund der Erfahrungen in den letzten beiden Jahren von der ursprünglichen Cattakelung zur Slup übergegangen ist.

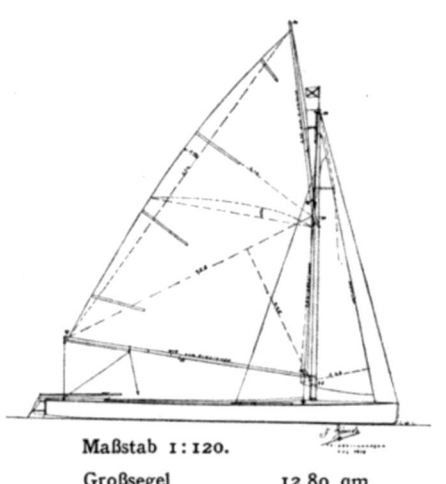

Maßstab 1 : 120.

Großsegel	12,80 qm
Vorsegel-Δ	2,20 ,,
Vermessene Segelfl.	15,00 qm.

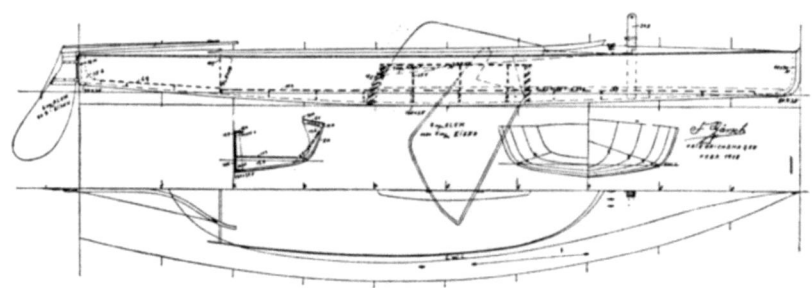

Maßstab 1 : 60.
Länge ü. A. 6,09 m, gr. Breite 1,53 m,
Br. in der W.-L. 1,23 m, Länge in der W.-L. 5,30 m,
Tiefg. m. Schwert 1,10 m, ohne Schwert 0,10 m.

15 qm-Rennjolle Herz Dame,

entworfen von W. Lehmann, Berlin-Woltersdorf.

Ein Boot von recht bestechenden Formen, das, im Sommer 1920 gebaut, in den Herbstwettfahrten des Berliner Kleinsegler-Verbandes zum ersten Male und gleich mit beachtenswertem Erfolge in der Wettfahrtbahn auftrat. Gerade gesegelt entwickelte es auf raumen Kursen eine große Schnelligkeit und fuhr am Winde mit dem sehr gut stehenden und steil nach achtern geschnittenen Großsegel eine gute Höhe heraus.

Maßstab 1 : 120.

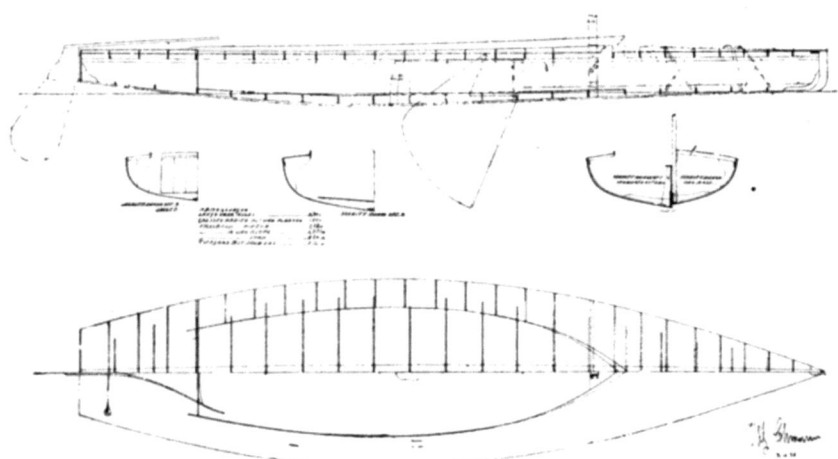

Maßstab 1 : 60.   Länge ü. A. 6,30 m, gr. Breite 1,55 m, niedr. Freibord 0,52 m.

Renn- und Wanderjolle,
entworfen von Schiffbau-Ingenieur A. Harms.

Die Fallen sind unter Deck angeordnet und an Hinterkante Schwertkasten belegt. Zu Turenzwecken hat das Boot vorn eine hölzerne Spritzkappe, die gestattet, daß die Sachen im Vorschiff trocken bleiben. Im Hinterschiff dient ein Querschott zur Abtrennung des Stauraums. Um Sachen (Thermosflaschen u. dgl.) aus der Hand legen zu können, sind zwei Kästen auf jeder Seite des Bootes angebracht. Die Ruderbank ist zugleich Tisch bei Wanderfahrten.

Die Rollfock dient als Fock, Ballon und Spinnaker.

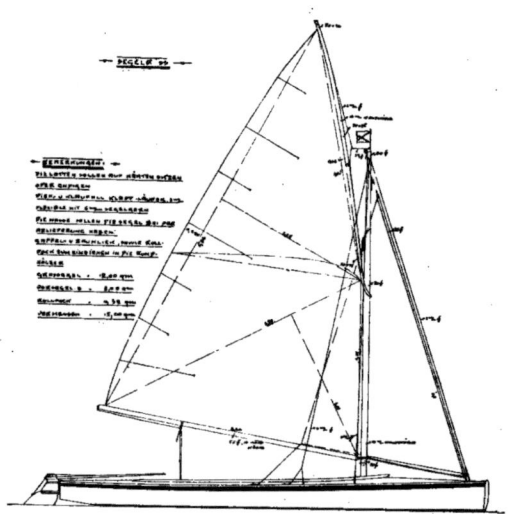

Segelriß. Maßstab 1 : 100.

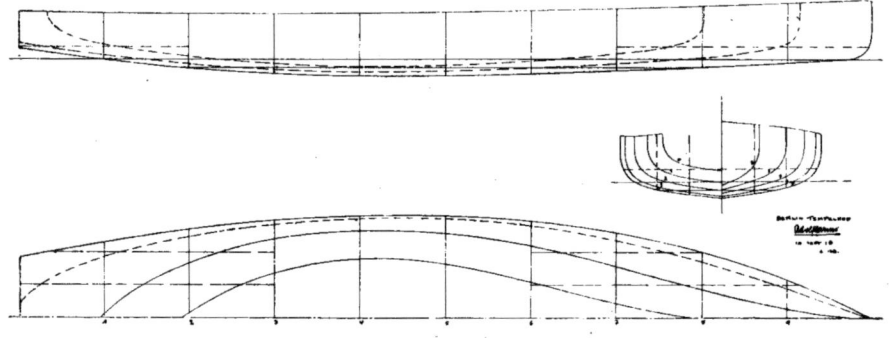

Linien- und Spantenrisse. Maßstab 1 : 50.

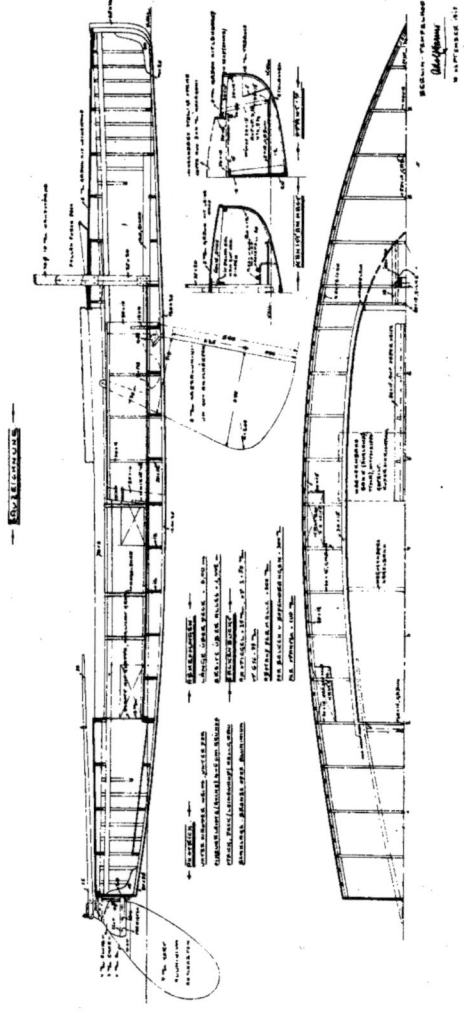

Maßstab 1 : 50. Länge ü. A. 6,00 m, gr. Breite 1,44 m.

15 qm-Rennjolle,

nach den Vorschriften des D. S. V.,
entworfen von Schiffbau-Ingenieur A. Harms.

Die nachstehende Rennjolle ist für österreichische Rechnung in Gmunden gebaut worden und ist nach speziellen Wünschen ihres Bestellers entworfen worden. Sie ist daher mit einer selbstlenzenden Plicht ausgestattet und kann deshalb kentern so oft sie will, ohne vollzulaufen. Das Kentern wird sie wahrscheinlich häufig besorgen, da die Stabilität nicht sonderlich groß ist, wenn auch bei der geneigten Lage die langen Überhänge zum Tragen kommen. Der Wasserablauf findet durch den Schwertkasten statt.

Um die Rollfock gut zum Stehen zu bringen, ist die Saling fortgelassen und dafür der Mast etwas stärker in der Gaffelgegend gemacht.

Infolge der langen Überhänge ist das Steuer nicht über Heck geführt, sondern durch einen Kasten hochziehbar angeordnet.

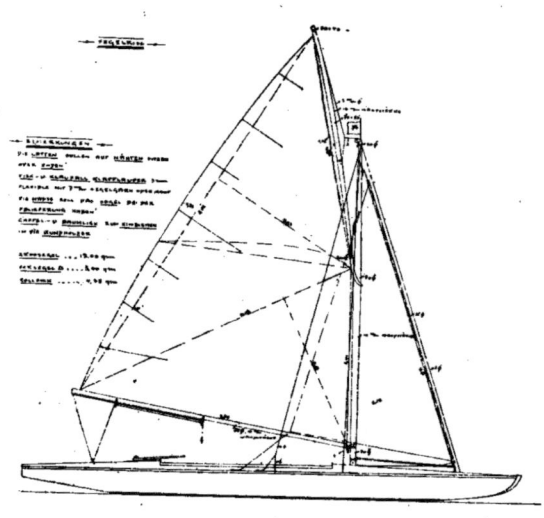

Maßstab 1 : 100.

Großsegel	12,00 qm
Vorsegel-Δ	3,00 ,,
Rollfock	4,38 ,,

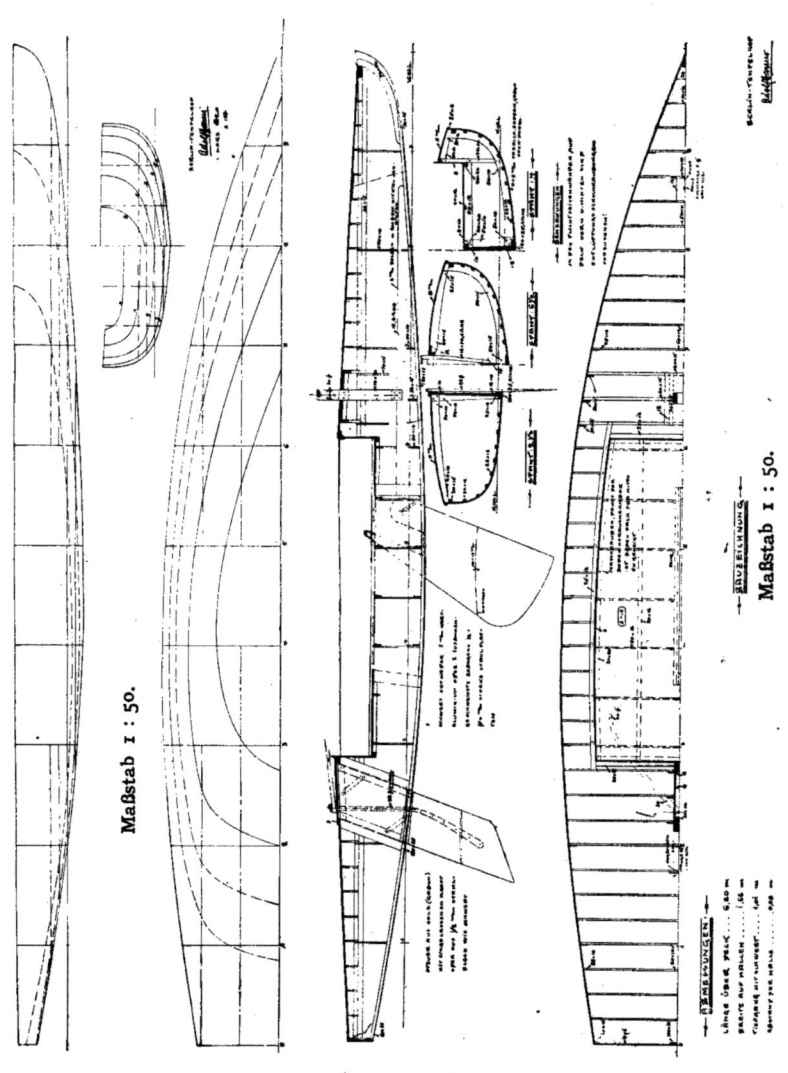

15 qm-Jolle,

nach den Vorschriften des D. S. Vb., entworfen von H. J. von Dechend.

Die Jolle ist als reines Rennboot gedacht, und zwar besonders als gutes Raumschots- und Leichtwetter-Boot. Der Spant ist extrem V-förmig. Die C. W. L. zeigt einen langen, schlanken Verlauf bei geringer benetzter Oberfläche. Bei Brise wird das Boot wahrscheinlich stark abfallen, da die Anfangsstabilität selbstverständlich sehr gering ist.

Das ursprünglich für diese Klasse festgesetzte Deplacement von 270 kg gestattete, dem Boote starke innere Verbände zu geben. So beträgt z. B. der Abstand der Spanten nur 10 cm.

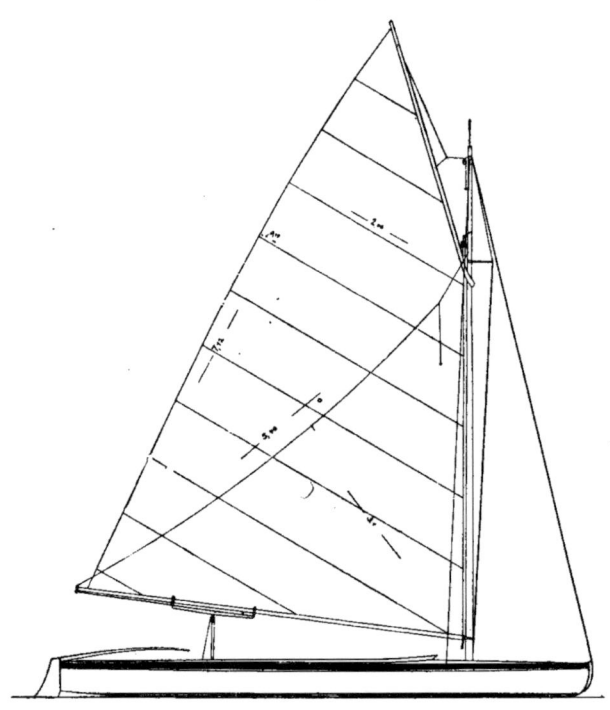

Segelriß der 15 qm-Jolle. Maßstab 1 : 80.

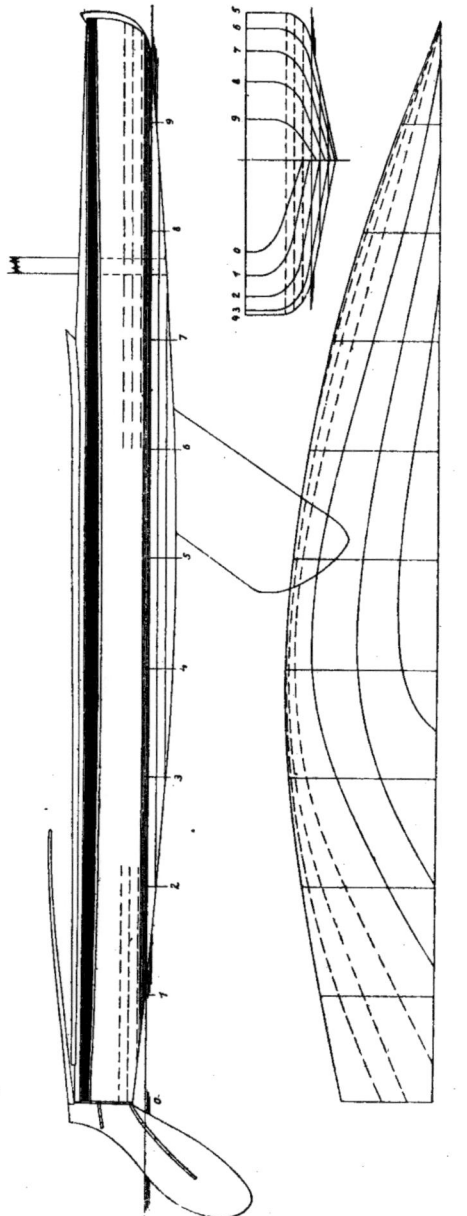

Maßstab 1:40. Linien- und Spantenriß.

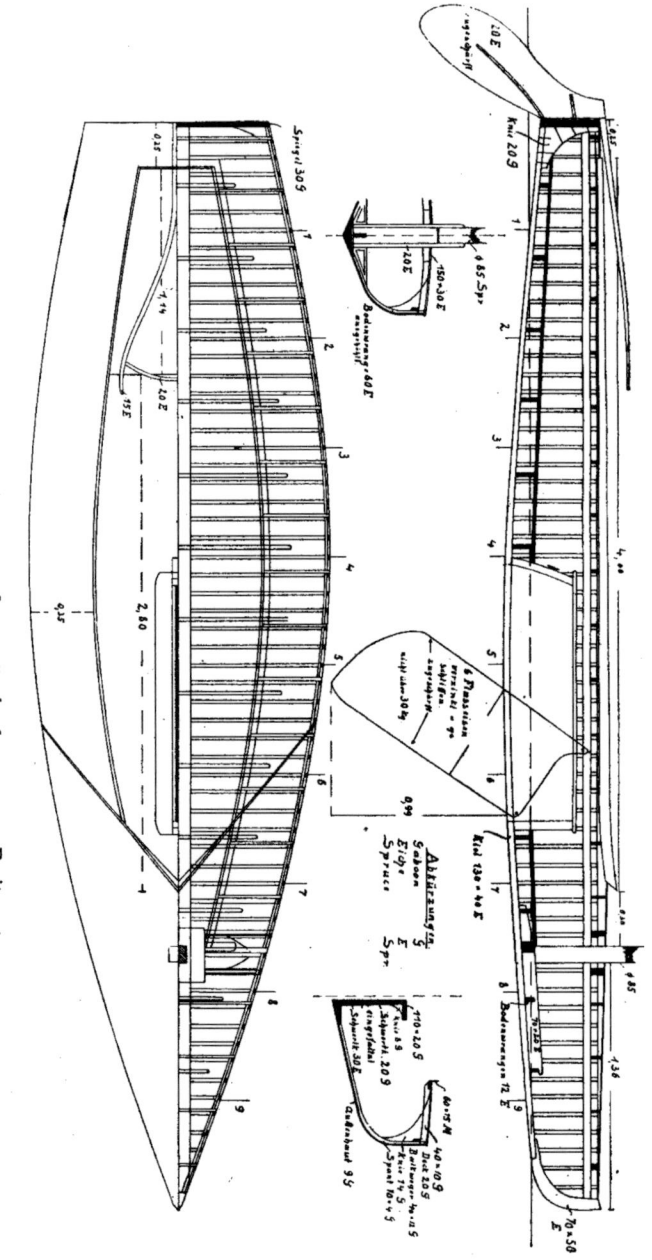

Bauzeichnung. Maßstab 1 : 40. Länge ü. A. 6,00 m, gr. Breite 1,72 m.

106

5 m - Weser - Klassenboot mit 15 qm Segelfläche,
entworfen von F. Grünhagen, Bremen.

Diese durch die Klassenvorschriften auf 5 m Länge begrenzten Jollen weisen zum Teil prahmähnliche Formen auf, um schlankere Linien zu erzielen. Der klappbare Mast steht auf Deck in einem Mastschuh vor dem Waschbord, um ein bequemes Anbringen von Spritzkappe oder Klappverdeck zu ermöglichen.

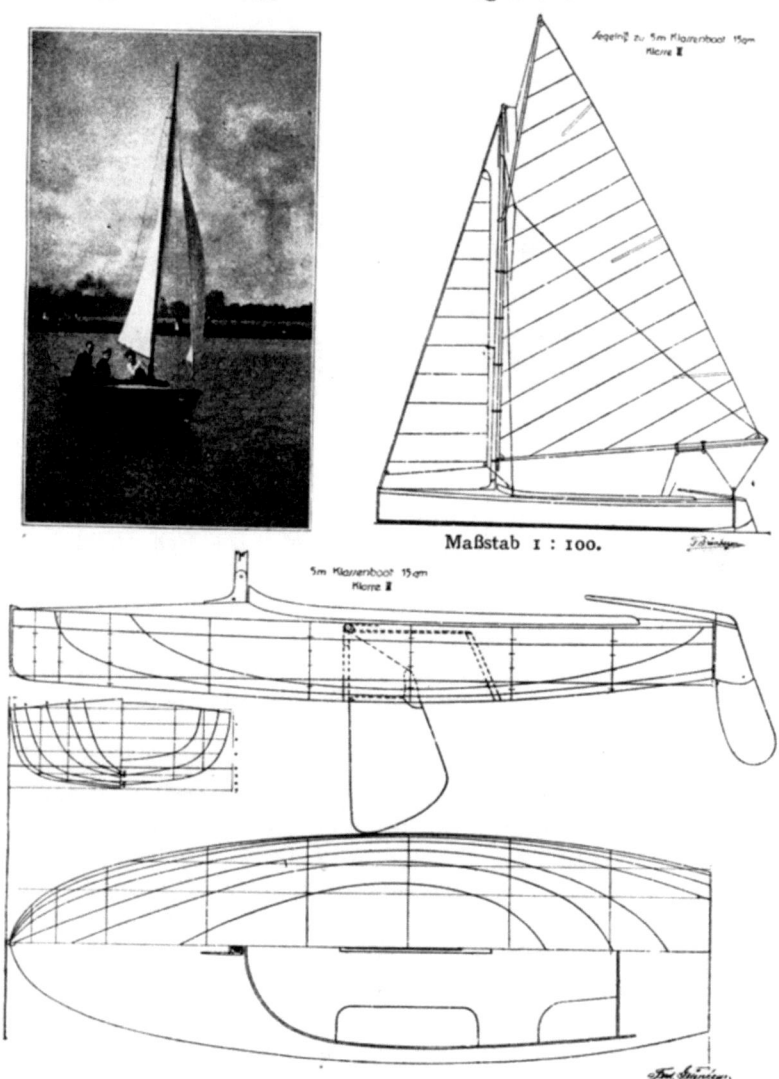

Maßstab 1 : 100.

Maßstab 1:50.   Länge ü. A. 5 m, gr. Breite 1,60 m, niedrigster Freibord 0,37 m.

Eine 15 qm-Einheits-Jollenklasse auf der Weser,
entworfen von F. Grünhagen, Bremen.

Das Einheitsboot im Rennen.

Die Deckslinie verläuft bei diesem Boot sehr völlig. Die C. W. L. ist dagegen sehr schlank, sogar etwas hohl. Dadurch ergibt sich im Vorschiff ein ungewöhnlich scharfer V-Spant, der für den Seegang auf der Weser erforderlich ist. Das Boot setzt infolgedessen sehr sanft und weich in die Wellen ein.

Der Mindestfreibord ist auf 40 cm erhöht, trotzdem hat das Fahrzeug ein schlankes Aussehen. Die Außenhaut ist aus 13 mm Eiche karweel gebaut.

Die Boote haben einen stählernen Mastschuh auf Deck, der sich gut bewährt hat. Erstens ist der Mast vermittels eines praktischen Vorstagverschlusses schnell und gut zu legen, und dann ist es äußerst angenehm, ungehindert unter Deck ins geräumige Vorschiff gelangen zu können, wo einem sonst Mastbacken und Mast im Wege sind. Im Vor- und Achterschiff sind Luftkästen von zusammen 100 Liter Inhalt verteilt.

An den Seiten befinden sich mit einem Griff herunterklappbare Bänke, wodurch gute Schlafgelegenheit geschaffen wird. Neu ist ebenfalls die praktische Anordnung einer in passender Höhe auf den Schwertkasten zu steckenden Tischplatte.

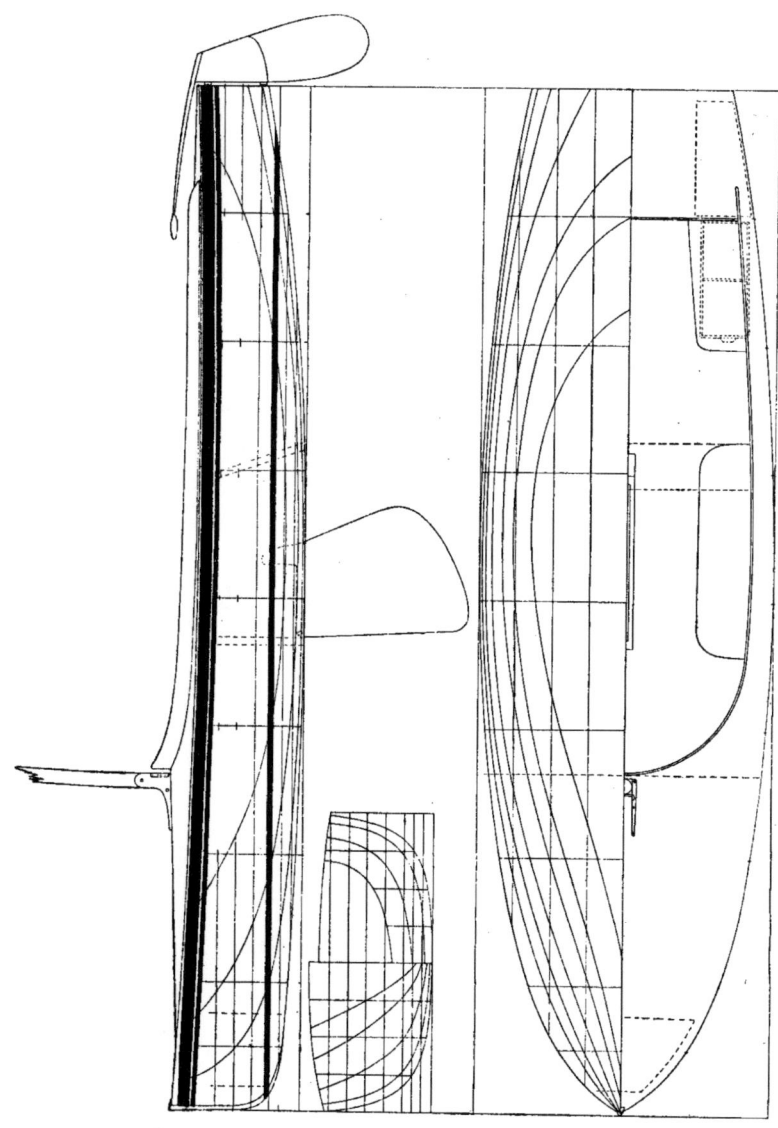

Maßstab ca. 1 : 40. Linien- und Spantenrisse.
Länge über Deck 5,50 m, gr. Breite 1,60 m, niedrigster Freibord 40 cm.

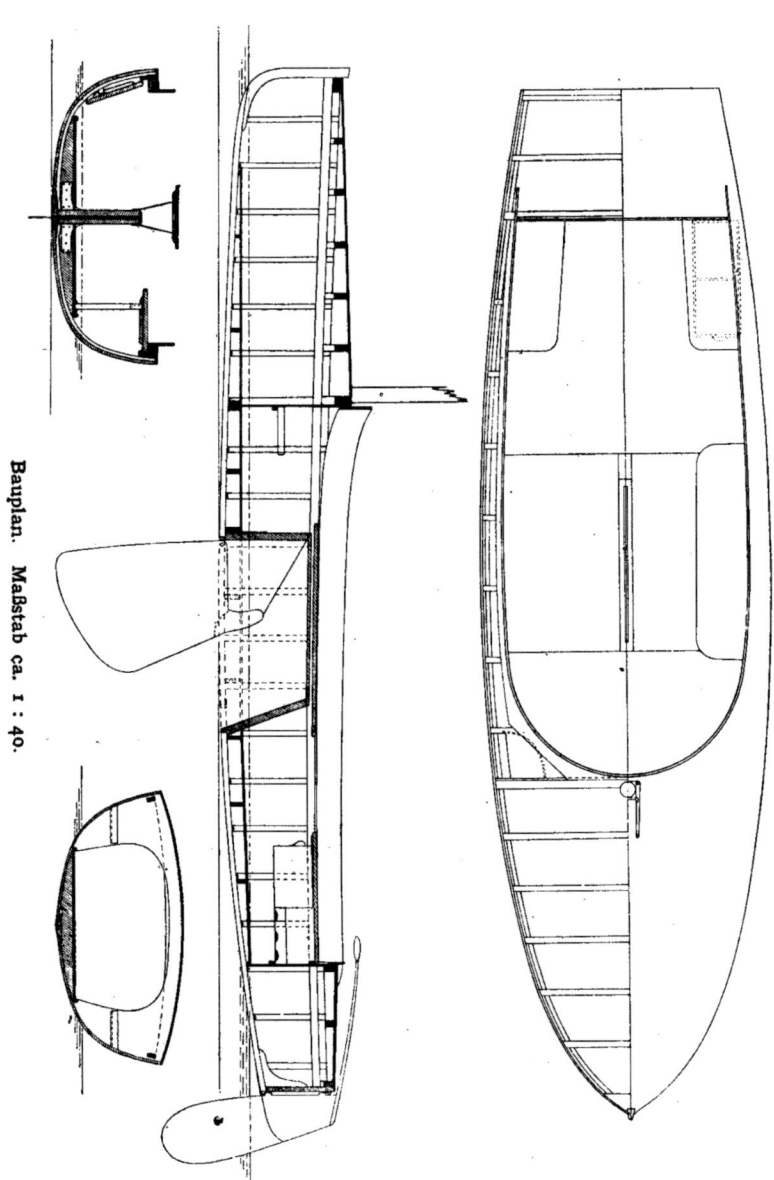

Bauplan. Maßstab ca. 1 : 40.

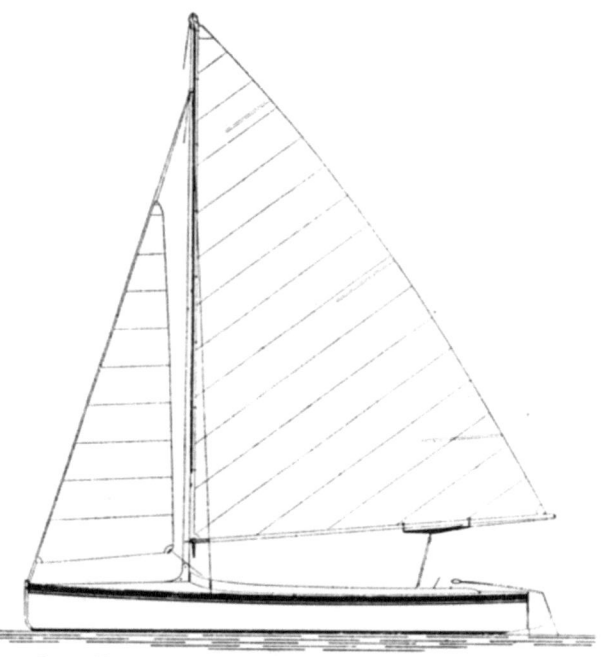

Segelriß der 5,50 m Weserjolle. Maßstab ca. 1 : 80.
Großsegel   12 qm
Fock   3 qm
Am-Wind-Segelfläche 15 qm

Einheitsboot auf der Werft von Fr. Lürssen.

15 qm-Wanderjolle,
entworfen von K. Mahling, Berlin.

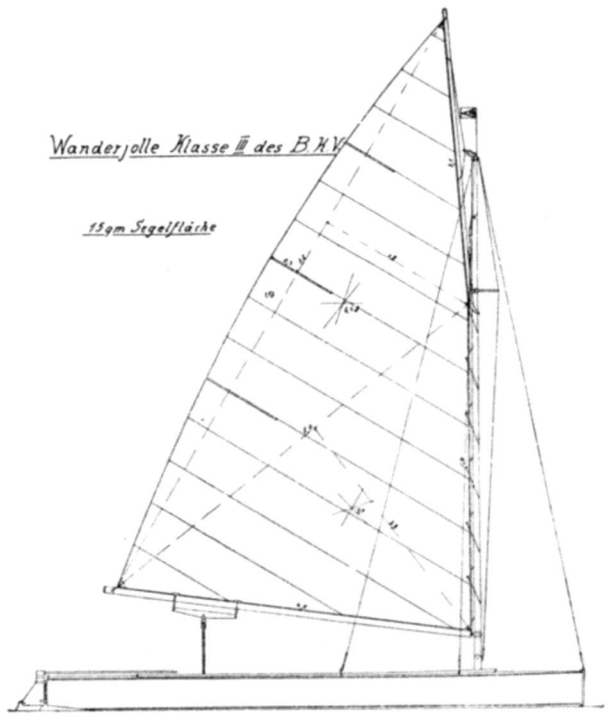

Segelriß. Maßstab 1 : 80.

Die Wanderjollen des Berliner Kleinsegler-Verbandes wollen durch die Klassenvorschriften eine vergrößerte Stabilität und eine derbere Bauart gegenüber den reinen Rennjollen erzwingen. Die vorgeschriebene größere Breite hat die Konstrukteure im allgemeinen veranlaßt, die Länge erheblich zu beschneiden, um nicht zu große und schwere Bootsrümpfe zu erhalten. Der vorliegende Entwurf behält dagegen die übliche Länge von 6 m bei und geht dafür mit der Breite bis auf über 1,70 m hinauf. Dadurch ist eine außerordentlich hohe Takelage ermöglicht worden.

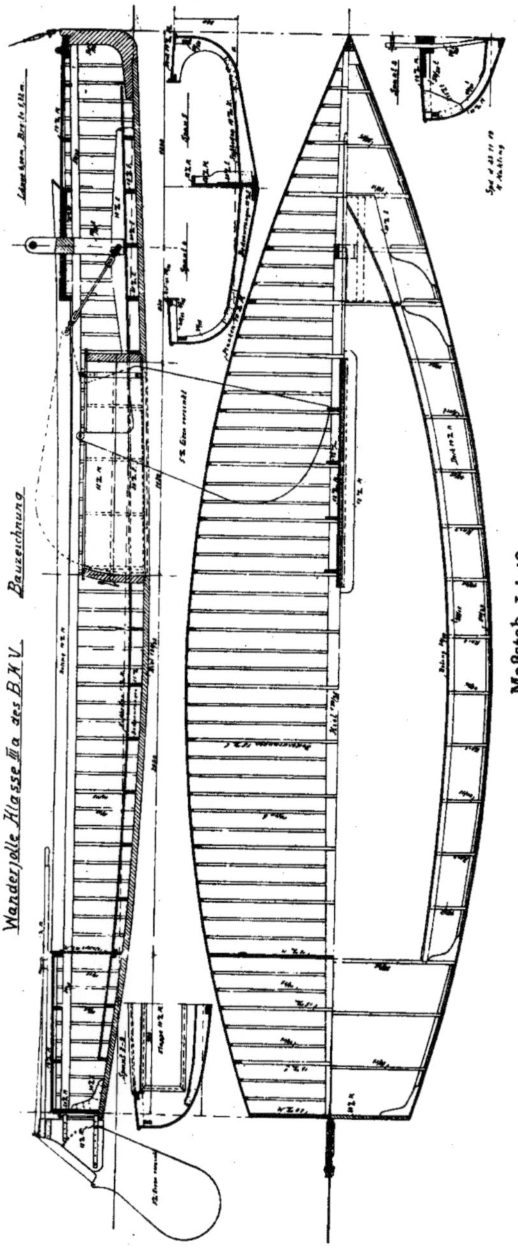

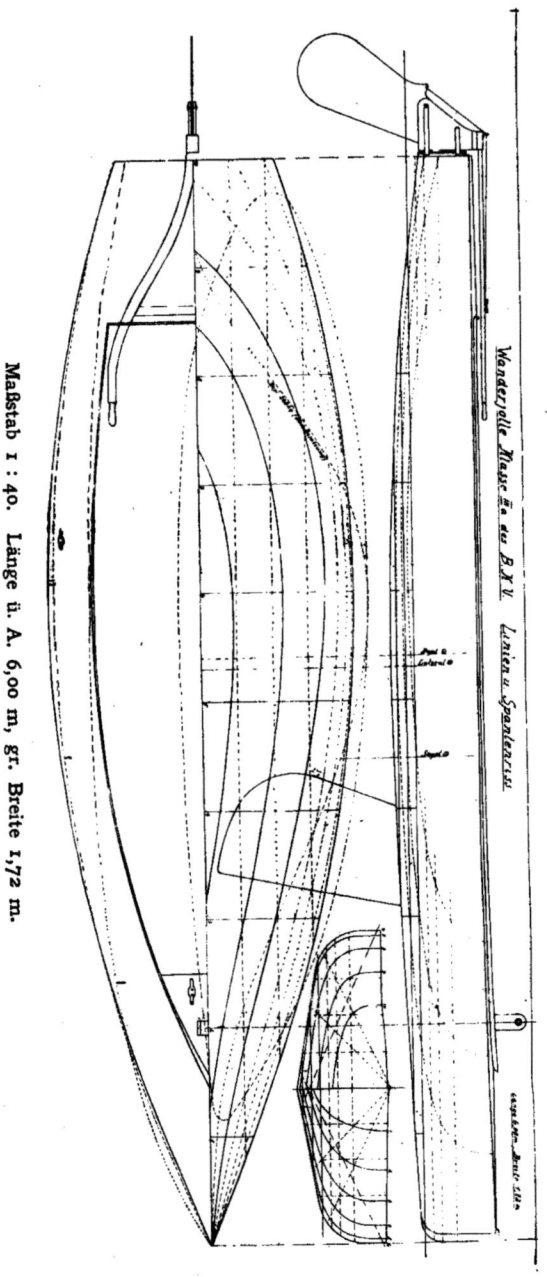

Maßstab 1 : 40. Länge ü. A. 6,00 m, gr. Breite 1,72 m.

Wanderjolle „Murri",
entworfen von Kurt W. Reusche.

Eine Rennjolle, die den Anforderungen eines wirklichen Wanderbootes entspricht und auch die Vorschriften der Wanderklasse einhält. Die Linien versprechen ein raumschots schnelles Schiff, das auch am Wind — gerade gesegelt — gute Aussichten haben muß. Die hohe Takelage ergibt bei der gewählten Unterteilung ein lebendiges feinfühliges Fahrzeug auch bei Flaute. Eine sehr reichliche Breite gewährleistet Stabilität und Geräumigkeit für längere Wanderfahrten, Schlafplätze sind für drei Mann bequem zu schaffen. Der weich gerundete V-Spant läßt das Boot in Wellen leicht arbeiten und macht es spielend leicht ruderbar.

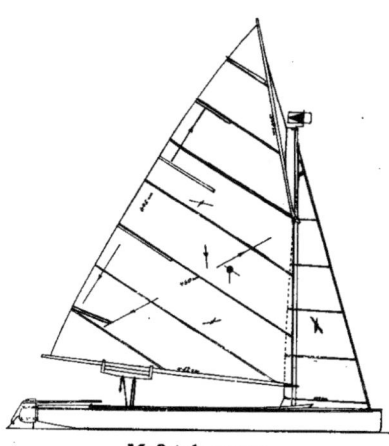

Maßstab 1:120.
Grossegel: 12,6 m², Vorsegel-Δ: 2,4 m².

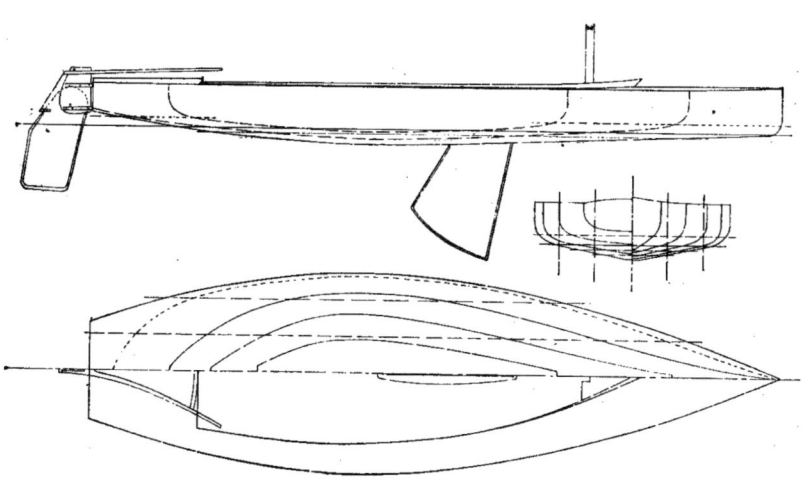

Maßstab 1:60.
Länge: 5,80 m, gr. Br.: 1,66 m, BWL 1,33 m, F.: 0,37 m.

Wanderjolle im Reihenbau,
entworfen von Oberingenieur C. E. Heymann.

Um jedem Geschmack und jeder begründeten Ansicht Rechnung zu tragen, sind für die Boote drei verschiedene Besegelungen vorgesehen. Abb. 1 zeigt eine mäßige Hochtakelung mit steilstehender Gaffel. Sie bietet die Annehmlichkeit, daß beim Reffen oder Ausreffen nur das Klaufall gelöst zu werden braucht, und eignet sich besonders für Reviere mit Uferdeckung. Abb. 2 stellt eine schmale Gaffeltakelung dar, mit kurzer Gaffel, die bei anhaltender Bö geworfen werden kann, weshalb sich diese Besegelung hauptsächlich für längere Wander-

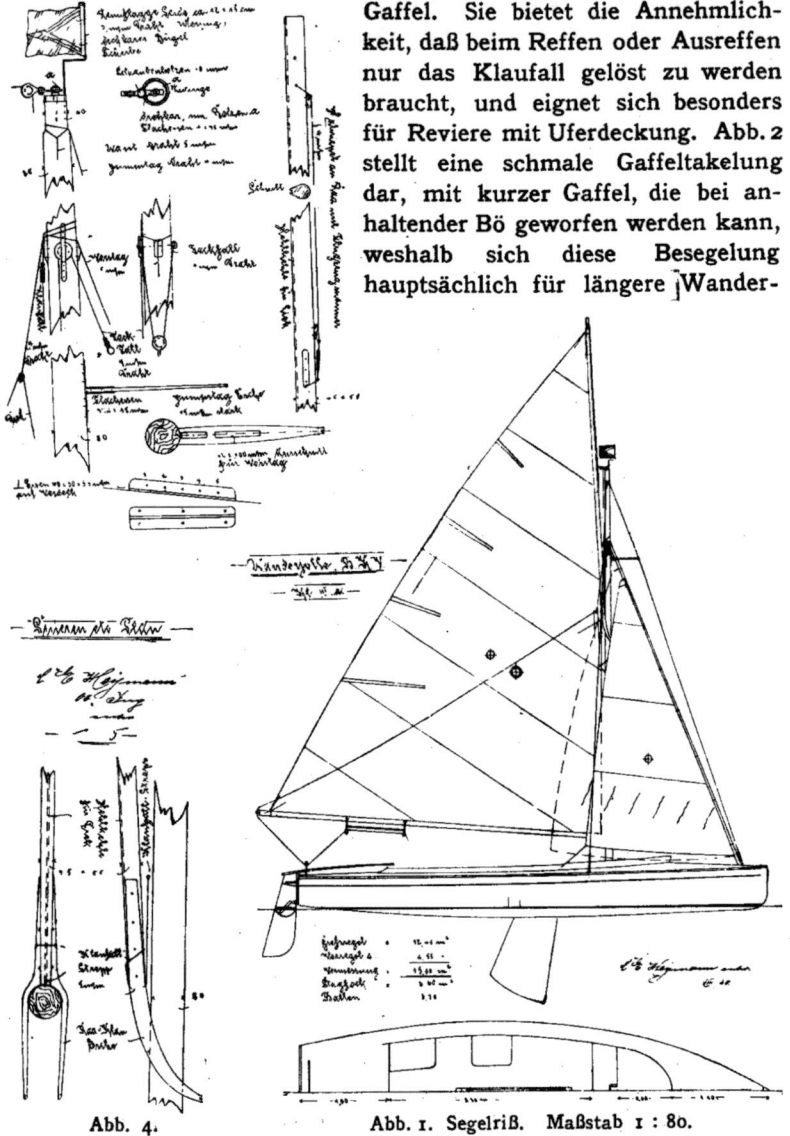

Abb. 4.

Abb. 1. Segelriß. Maßstab 1 : 80.

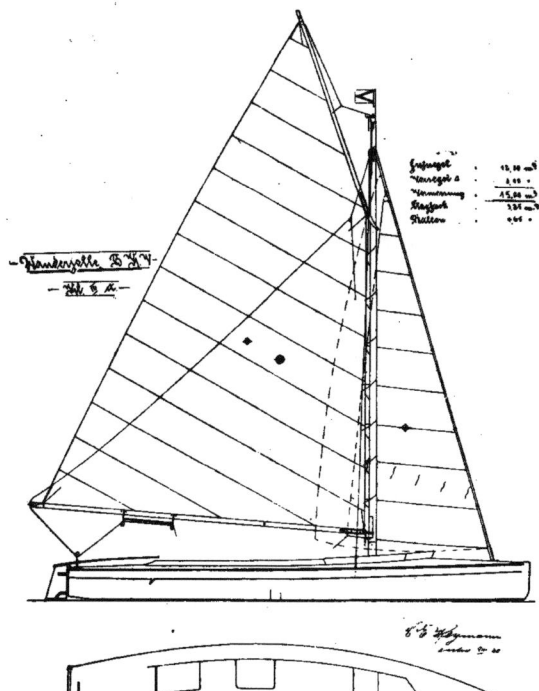

fahrten auch auf ungeschützten Gewässern eignet. Bei beiden kann die Stagfock gesetzt, gerefft, geborgen oder ausgewechselt werden, ohne daß ein Mann das Vordeck zu betreten braucht. Zu beiden Besegelungen kann auch ein als Spinnaker brauchbarer Ballon gefahren werden. Beides ist im Rennen für die Catbesegelung Abb. 3 nicht erlaubt, welche aber dadurch vorteilhaft erscheint, daß sie beim Alleinsegeln keine zweite Hand benötigt.

Abb. 2. Segelriß. Maßstab 1 : 80.

Für die Takelage sind genaue Spieren- usw. Pläne angefertigt (Abb. 4), so daß der Besteller auch diese selbst herstellen kann.

Die Boote haben die vorschriftsmäßige Eindeckung von mindestens $2/5$ der Länge über Alles. Sie ist so verteilt, daß auf das Vordeck 1,10 m Länge und auf das Hinterdeck 1 m Länge entfällt; mit dementsprechenden Stauräumen darunter. Die seitliche Eindeckung ist 15 cm breit und kann im Bereich der Klappsitze auch als Decksitz benutzt werden, da das Waschbord um die

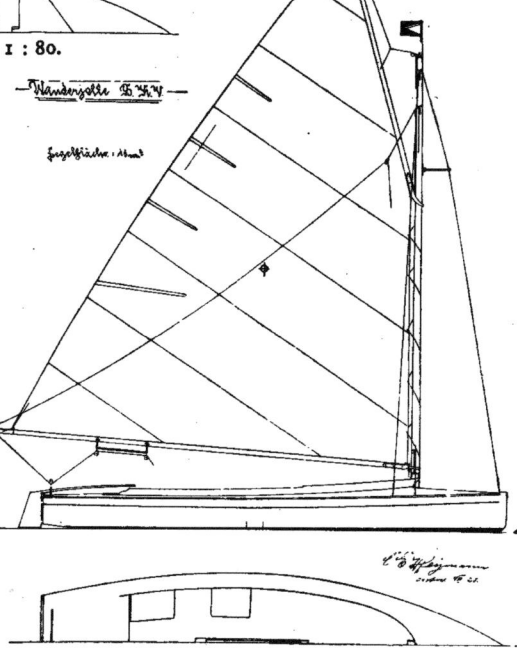

Abb. 3. Segelriß. Maßstab 1 : 80.

Plicht im hinteren Teil entsprechend niedrig gehalten ist. An Innenraum in der Plicht verbleiben eine Bodenfläche von 1,20 m Breite und 2,30 m Länge bis zur Mastducht und vor derselben noch ein Raum von 0,60 m Länge und genügender Breite, um die Segel von dort aus heißen und bergen zu können.

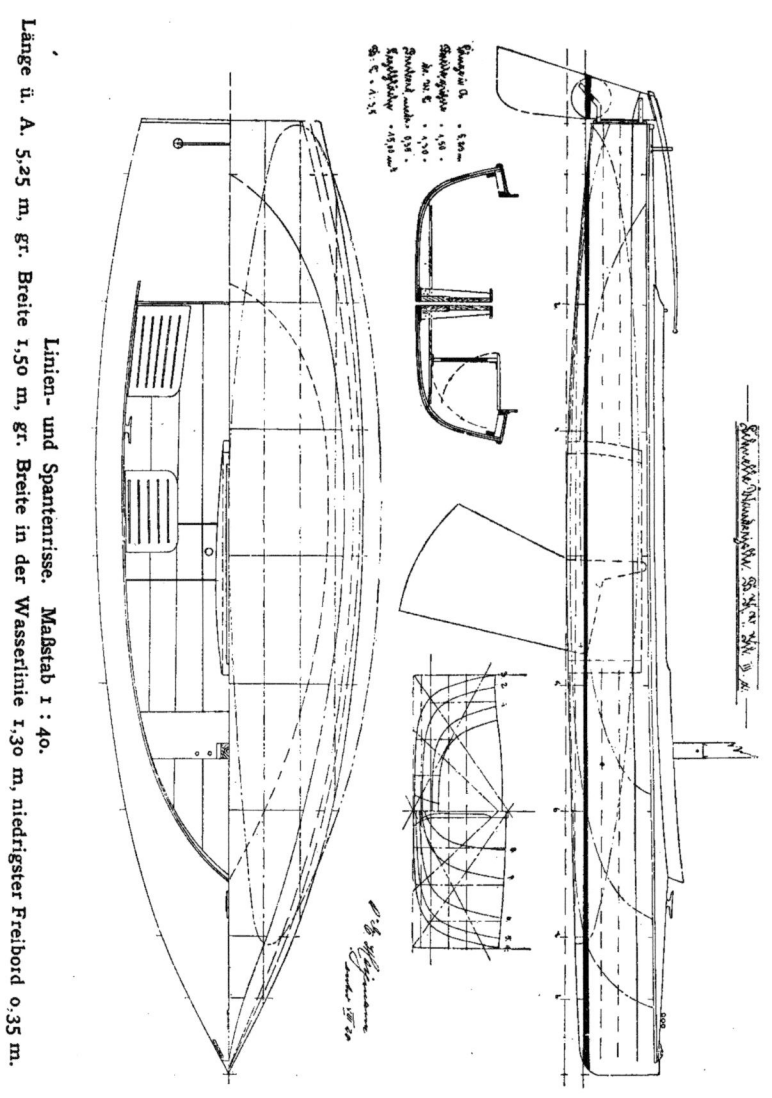

Linien- und Spantenrisse. Maßstab 1 : 40. Länge ü. A. 5,25 m, gr. Breite 1,50 m, gr. Breite in der Wasserlinie 1,30 m, niedrigster Freibord 0,35 m.

Als Baumaterial wird für Kiel, Steven, Knie, Spiegel, Außenhaut und eingebogene Spanten Eiche, für oberste Planke, Waschbord und Sitze Mahagoni verwendet.

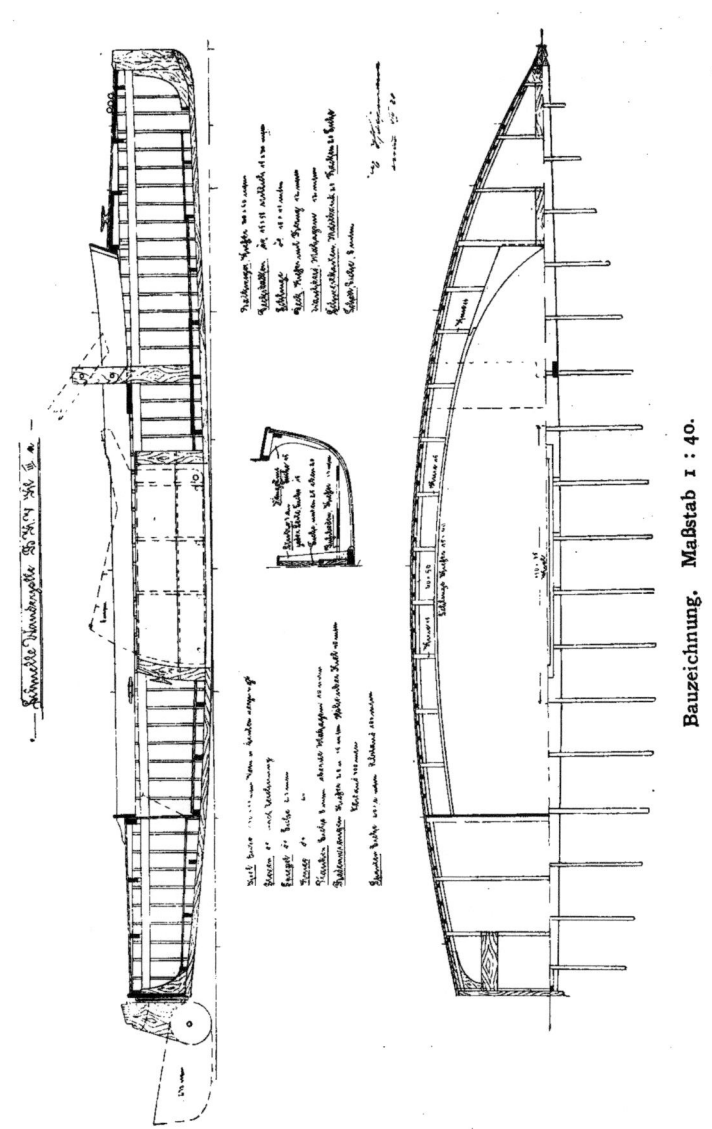

Bauzeichnung. Maßstab 1 : 40.

Wanderjolle von 15 qm Segelfläche,
entworfen von Reinhard Drewitz, Berlin.

Die neue, den Vorschriften des B. K. V. entsprechende Wanderjolle wird zurzeit als Serienboot auf der Werft von Hermann & Co., Hannover, gebaut. Die Risse stellen einen auf den Erfahrungen ähnlich breiter Boote fußenden Typ mit harmonischen Linien dar, der jedes Extrem zu vermeiden sucht. Man darf daher gespannt sein, wie sich das Boot zu den bisherigen Typen verhalten wird, um so mehr, da es als erste Drewitzsche Konstruktion in dieser Klasse ins Rennen gehen wird. Die Einzelheiten der Tureneinrichtung gehen aus der Zeichnung hervor; besonders zu erwähnen wäre nur die nach vorn verschiebbare Ducht im Achterschiff.

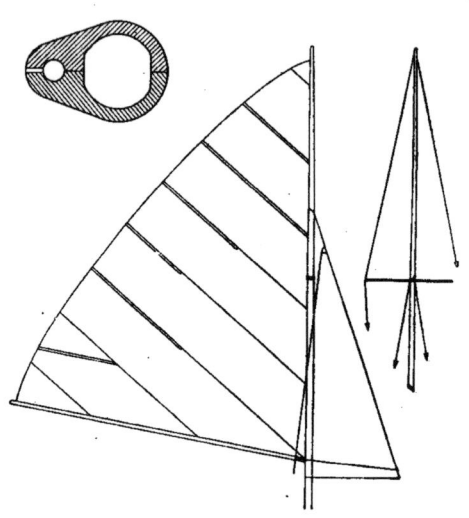

Markonisegel. Mittelwettertakelung.

Die Wahl der Takelung ist im wesentlichen Geschmackssache, jedoch dürfte die höhere Takelage da in Frage kommen, wo man ein auch bei leichtem Winde besonders schnelles Boot wünscht.

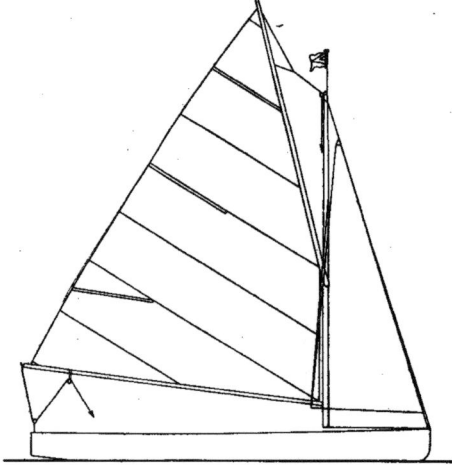

Gaffelsegel. Schwerwettertakelung.
Maßstab 1:100.

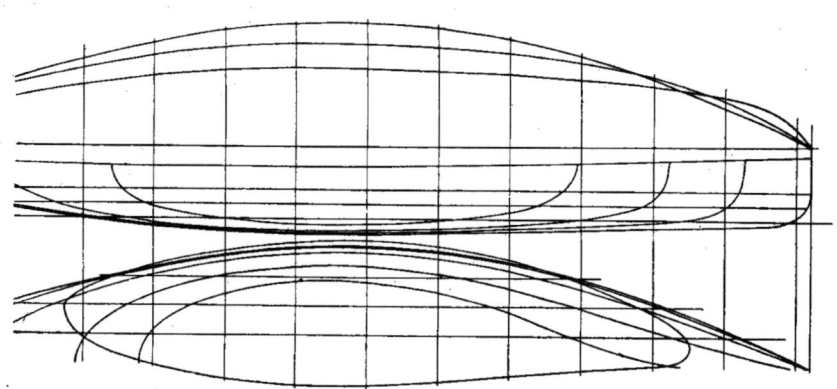

Linien- und Spantenriß.

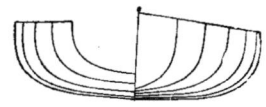

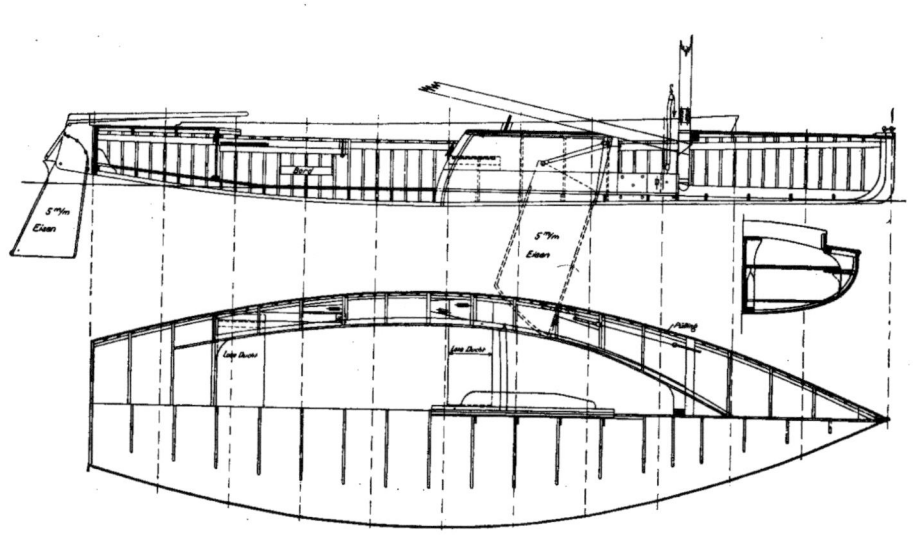

Bauzeichnung. Maßstab 1:50.
Größte Länge 5,60 m, größte Breite 1,65 m.

Wanderjolle „Undine III",
mit 15 qm Segelfläche, entworfen von Ernst Bruns.

Eine als Serienboot entworfene und gebaute Wanderjolle, die sich im Typ an bewährte Rennjollen anlehnt und dabei besonderen Wert auf günstige Stabilitätsverhältnisse legt. Um auch bei leichtem Wetter eine ausreichende Schnelligkeit zu erzielen, ist zu der verhältnismäßig steil geschnittenen Cattakelung gegriffen. Die Inneneinrichtung geht aus den Plänen hervor.

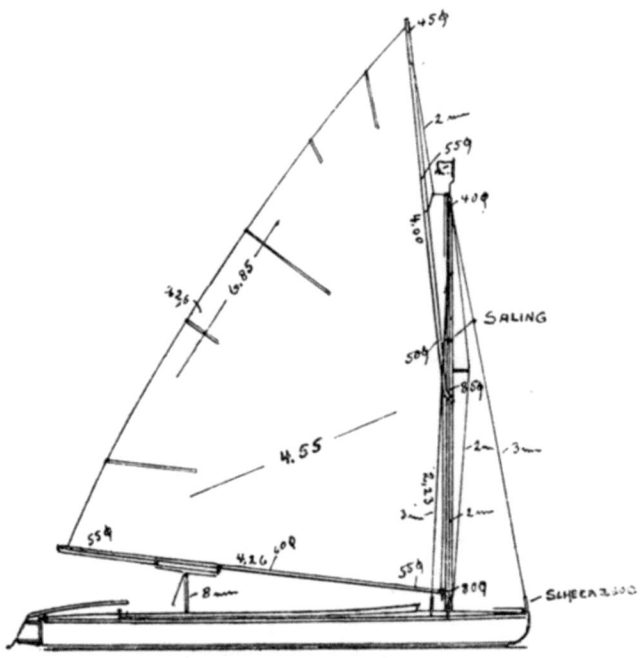

Maßstab 1 : 80.

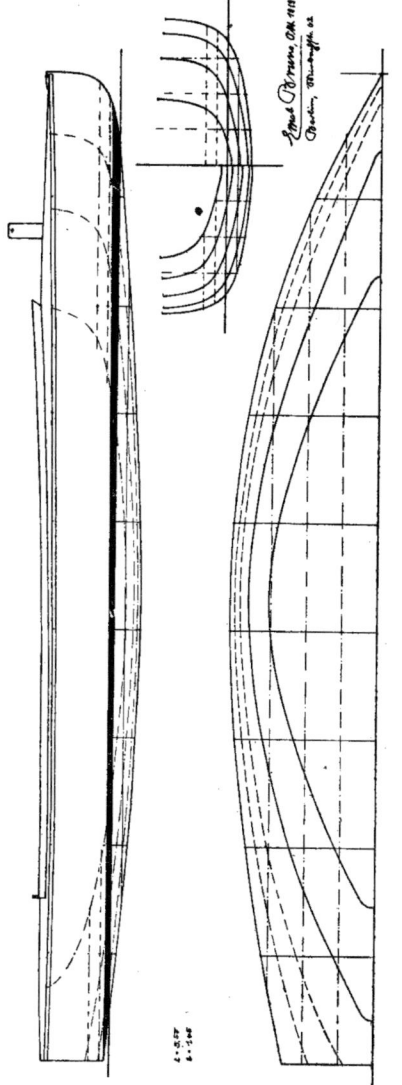

Maßstab 1 : 40.
Größte Länge 5,50 m, größte Breite 1,65 m.

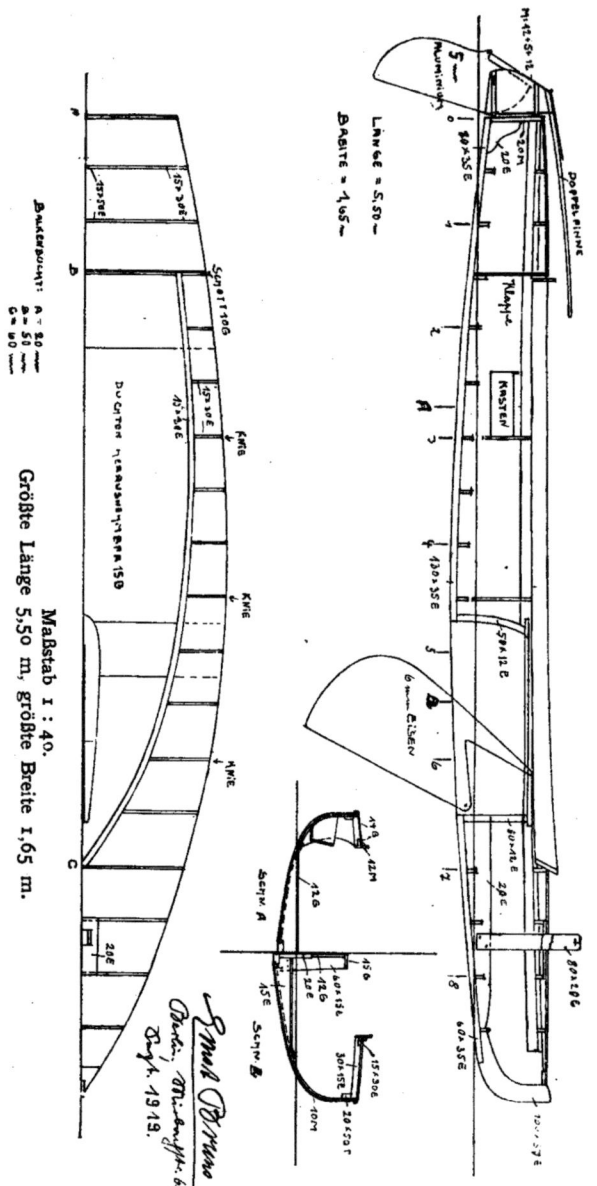

Wanderjolle Darling mit 15 qm Segelfläche,
entworfen von Reg.-Rat F. Rehfeldt, Berlin.

Das bisher erfolgreichste Boot der 15 qm-Wanderjollen, das namentlich am Winde und bei steifer Brise sein Bestes leistete. Ein Vergleich der Linien mit denen der übrigen Boote dieser Klasse zeigt die charakteristischen Unterschiede, die für das Verhalten bei verschiedenartiger Brise entscheidend sind. Die große Stabilität des 6 m langen und über 1,70 m breiten Bootskörpers ermöglicht die ungewöhnlich steilgestellte Hochmasttakelung, die aber eben mit Rücksicht auf die Briseneigenschaften nicht auf das Vorsegel verzichtet. Die Erfahrungen haben bewiesen, daß dies bereits bei 15 qm-Jollen, die für frischen Wind bestimmt sind, richtig ist. Das Bild zeigt das Boot Darling mit seiner steilen Gaffeltakelung. Das Schwesterboot Idun trägt die im Riß vorgesehene Hochtakelung.

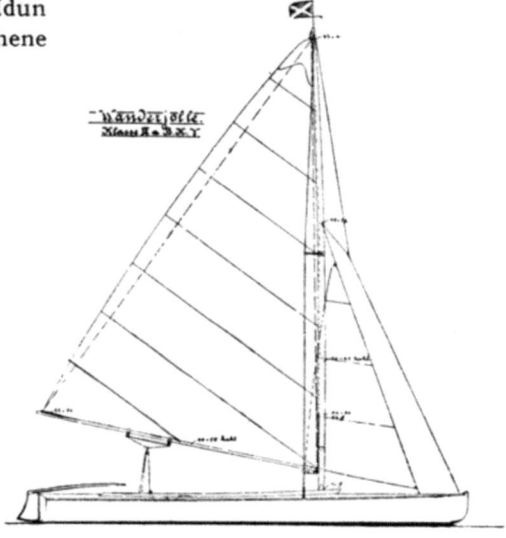

Maßstab 1 : 100.
Großsegel 12,60 qm.
Vorsegel-△ 2,40 „

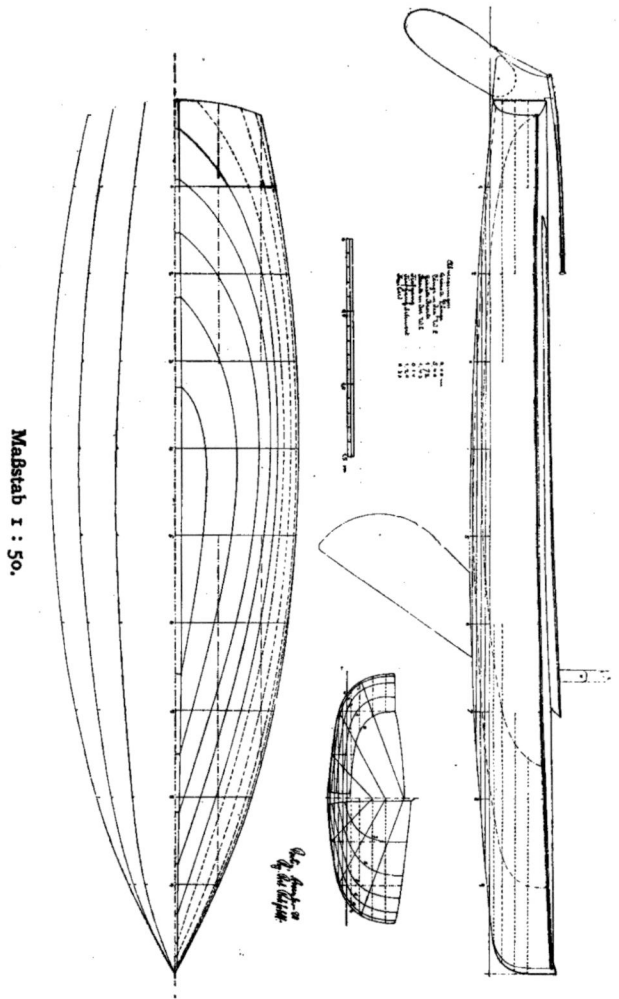

Maßstab 1 : 50.

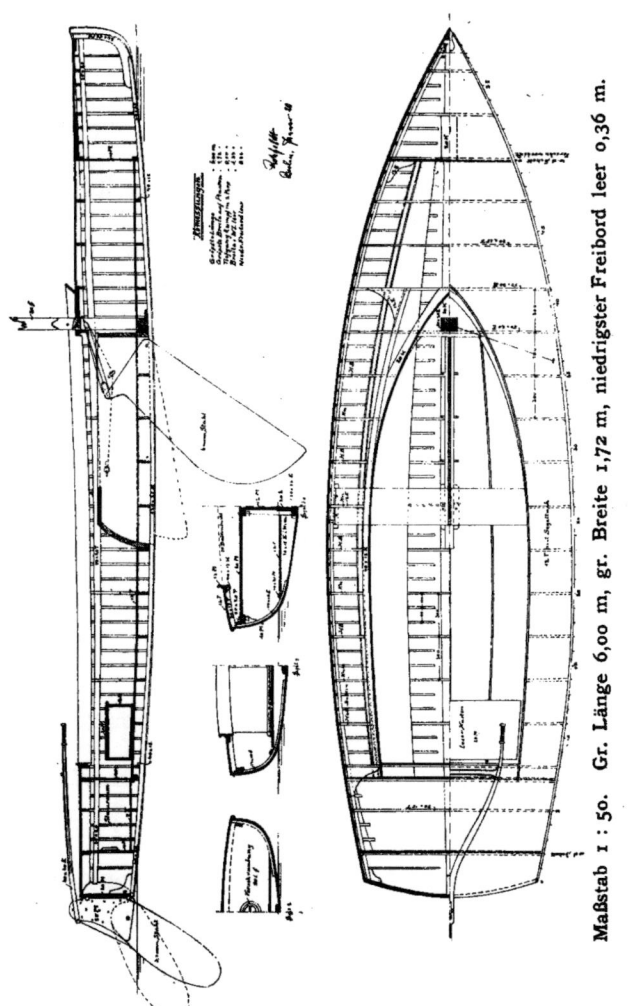

Maßstab 1 : 50. Gr. Länge 6,00 m, gr. Breite 1,72 m, niedrigster Freibord leer 0,36 m.

15 qm-Wanderjolle,

entworfen von Reinhard Drewitz, Berlin.

Das aus den Kriegsjahren stammende Boot ist ein beachtenswerter Vorläufer der heutigen Wanderjollen. Es vereinigt ansprechende Formen mit der Rücksichtnahme auf die besonderen Bedürfnisse des Wanderseglers. Die Schwertkonstruktion zeigt eine Verbindung von Steck- und Fallschwert, die die Vorzüge beider Schwertarten (kleiner Schwertkasten und leichte Aufholbarkeit) besitzt. Das Ruder ist zwar nicht aufholbar, dafür aber außerordentlich flach gehalten; durch diese Anordnung sollte die etwas unhandliche, lange Doppelpinne vermieden werden, und es ist überdies noch der ins Boot ragende Teil der Pinne zum Zurückklappen eingerichtet. Bei Flaute wird das Boot durch Skulls mit Rollsitzeinrichtung fortbewegt.

(Segelriß siehe die Sluptakelung S. 120.)

◘ ◘ ◘

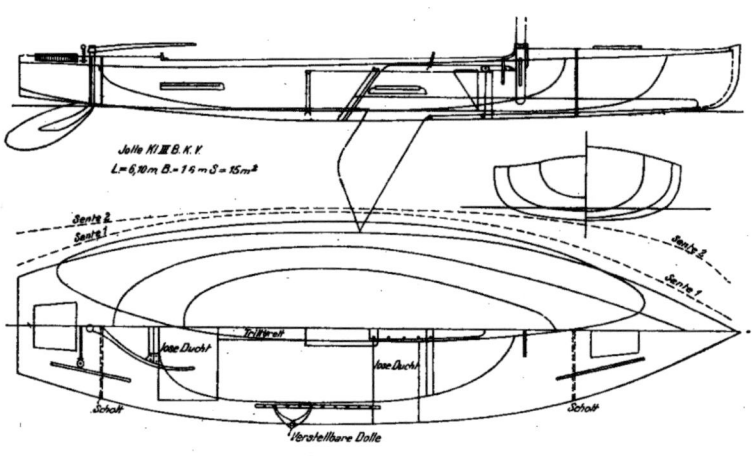

Maßstab 1 : 60.
Länge ü. a. 6,10 m, größte Breite 1,60 m.

D. Jollen über 15 bis 20 qm Segelfläche.
Klassen II und IIa des B. K. V.
20 qm-Rennjolle im Schipjack-Typ,
entworfen von Reinhard Drewitz, Berlin.

Die Risse stellen die im Frühjahr 1913 gebaute Jolle „Simplicitas" dar, durch die das Interesse der Kleinsegler für die im Schipjack-Typ schlummernden Entwicklungsmöglichkeiten erst so recht eigentlich geweckt wurde. Das beigefügte Bild gibt die auf Grund der gemachten Erfahrungen etwas schlanker gebaute Jolle „Nei ut" wieder, die durch ihre Raumschotseigenschaften viel von sich reden machte. Bei der großen Stabilität trägt namentlich die hier in den Linien wiedergegebene Jolle ihr ungeteiltes

Segel auch bei steifer Brise sehr bequem. Beide Jollen haben durch ihre Segeleigenschaften — es sind auch heute nach 8 Jahren noch schnelle Boote — und ihr Aussehen dem Schipjack-Typ viele Freunde gewonnen.

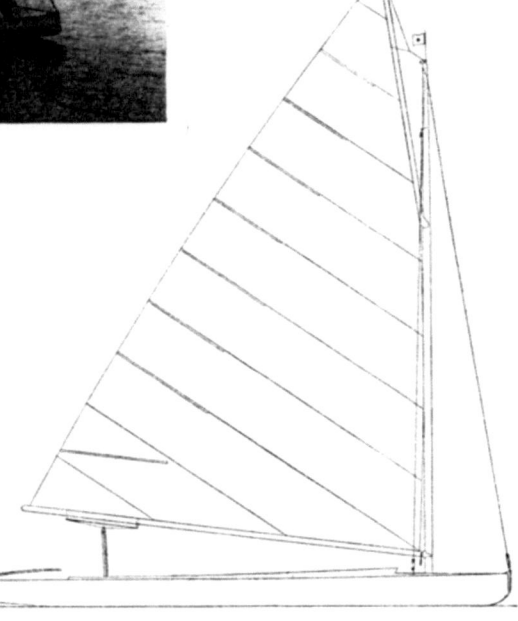

Maßstab 1 : 100.

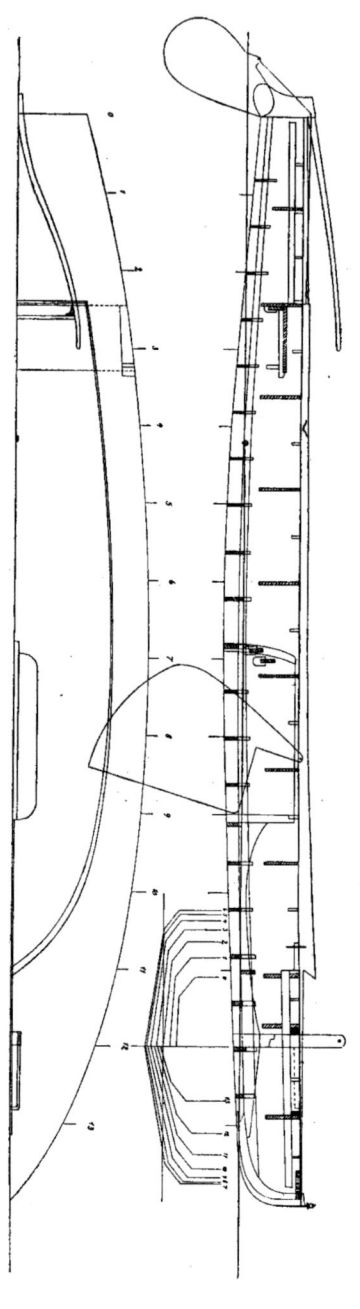

Scharpie-Jolle mit 20 qm Segelfläche. Maßstab 1 : 50. Länge ü. A. 7,50 m, gr. Breite 1,80 m, Freibord 0,38 m.

Scharpie-Segeljolle „Eidechse",
entworfen von Oberingenieur C. E. Heymann, Berlin-Steglitz.

Ein schnelles, stabiles und dabei billiges Boot, als Turen- wie als Rennboot geeignet. Im ganzen ist die Jolle ohne wesentliche Änderungen über zwei dutzendmal für die verschiedensten Gewässer gebaut. „Eidechse" ist von ihrem Konstrukteur fünf Sommer fleißig auf dem Rhein gesegelt worden und hierbei niemals von gleich groß besegelten, ja sogar von sonst gelungenen Jollen bis zu 25 qm Segelfläche geschlagen worden. Damals trug das Boot nur 18 qm am Wind, während der hier beigefügte Segelplan von 21 qm erst jüngst entworfen ist, da das Boot diese vergrößerte Segelfläche infolge seiner Stabilität noch bequem tragen kann. Da das Boot steif ist und ruhig auf dem Ruder liegt, so eignet es sich auch für Anfänger.

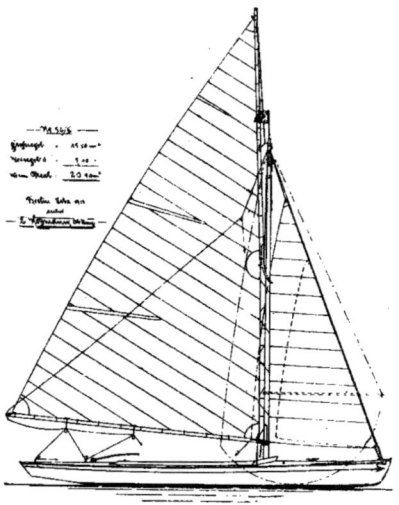

Segelriß. Maßstab 1 : 120.

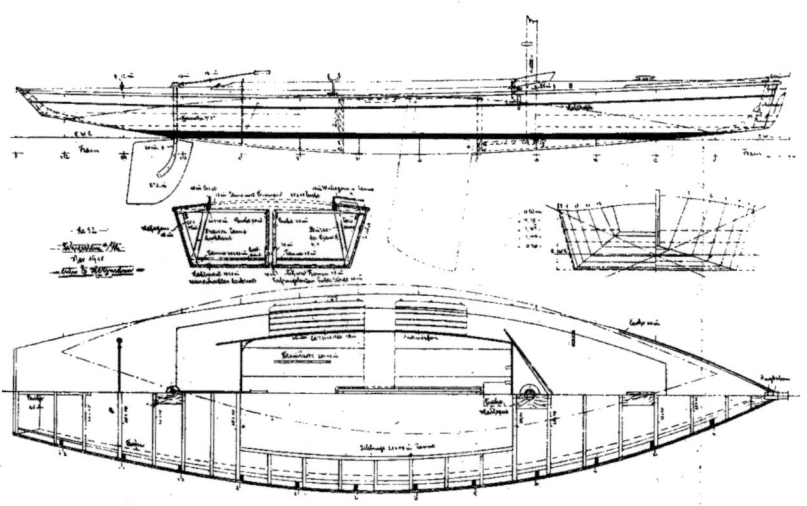

Maßstab 1 : 60. Länge ü. A. 6,50 m, gr. Breite 1,64 m.
Länge C. W. L. 4,10 m, Breite W. L. 1,44 m, Freibord 0,36 m.

„Psiakrew",
entworfen von H. Schärff.

Vorliegender Entwurf ist ein kurzer Vertreter der Klasse II. Die Segeleigenschaften haben den Erwartungen für ein Mittelwetterboot entsprochen.

Maßstab 1 : 80.
Großsegel 16,00 qm
Vorsegel -△ 4,00 ,,

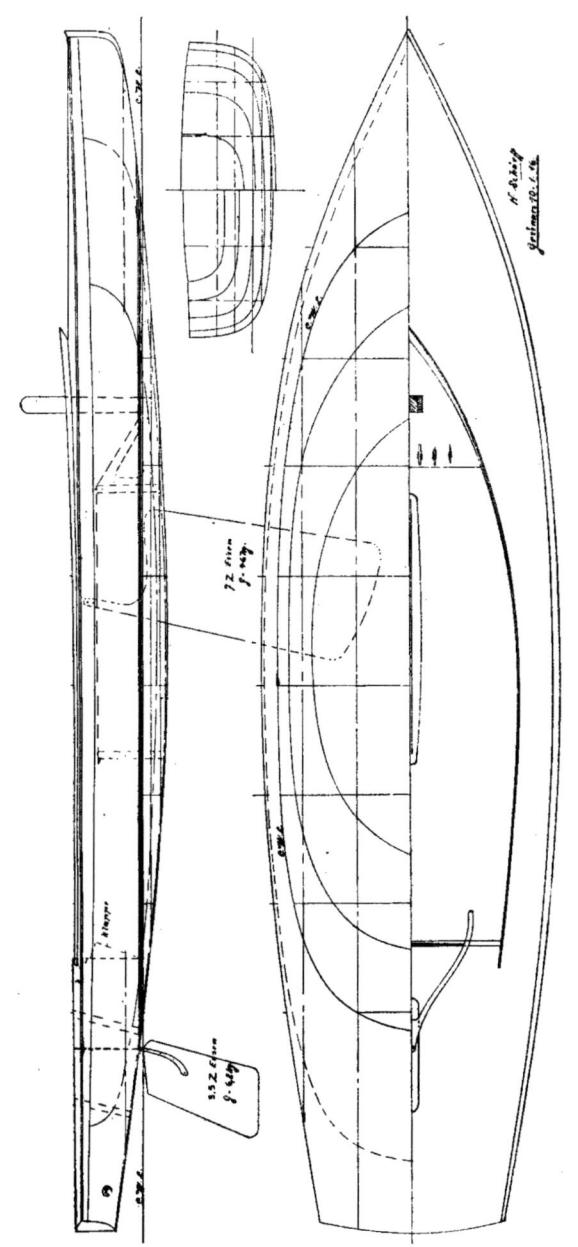

Maßstab 1 : 40.

Länge über Deck 6,60 m, Länge i. d. W.-L. 4,50 m, gr. Breite 1,65 m, Br. i. d. W.-L. 1,48 m, Tiefgang ohne Schwert 0,14, mit Schwert 1,35 m.

133

„Husch-Husch",
entworfen von Reinh. Drewitz, Berlin.

Ein Boot aus der Frühlingszeit der großen Rennjollen — damals, als die Anschaffungskosten von knapp 1000 M. noch umfassende Versuche mit den 20 qm-Jollen ermöglichten. Die Maße sowohl wie die Linien dieses Bootes haben sich als besonders glücklich erwiesen und lassen einen Nachbau auch heute noch als aussichtsreich erscheinen, wie erst wieder die Rennen des Sommers 1920 gezeigt haben. Das Boot bildet gewissermaßen die Mitte zwischen den versuchten Extremen und hat dieser äußeren und inneren Ausgeglichenheit wohl in der Hauptsache seine Erfolge zu danken.

Maßstab 1 : 100.   Segelfläche 20 qm.

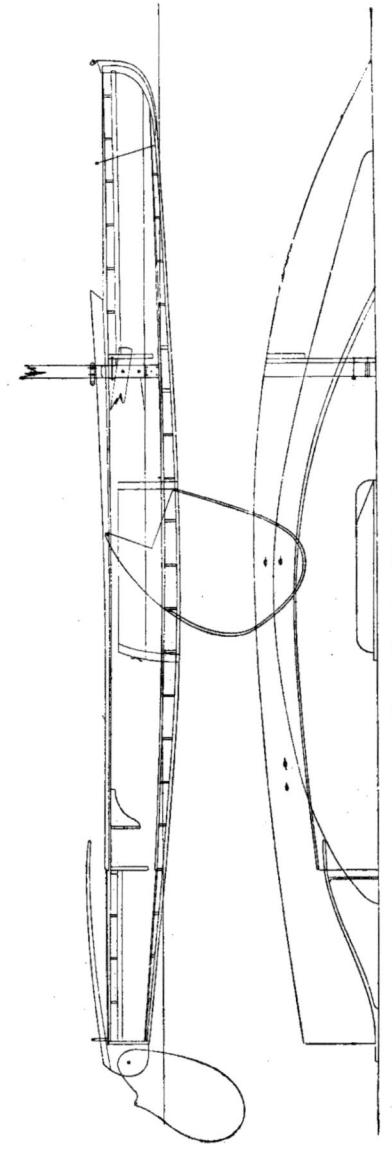

Husch-Husch. Maßstab 1 : 50.
Länge ü. A. 6,80 m, gr. Breite 1,70 m. Länge C. W. L. 5,20 m, Breite C. W. L. 1,40 m.

20 qm-Jolle „Mulleken",
entworfen von F. Gärsch, Friedrichshagen.

Ein Vertreter der von Gärsch gezeichneten und gebauten Brisenboote der 20 qm-Klasse, die namentlich in schwerem Wetter sich ganz vorzüglich bewährt haben. Die Boote sind ein charakteristisches Beispiel dafür, daß größte Stabilität auch bei sehr schlankem und V-förmigem Unterwasserschiff erreicht werden kann.

Gerade diese außergewöhnliche Stabilität trotz der hohen und schnittigen Takelage hat den Booten bei Brise ihre Erfolge gesichert; sie wird in erster Linie durch das große Reservedeplacement herbeigeführt, durch die seitlichen Überhänge, die schon bei geringen Neigungen zum Tragen kommen.

Maßstab 1:120.

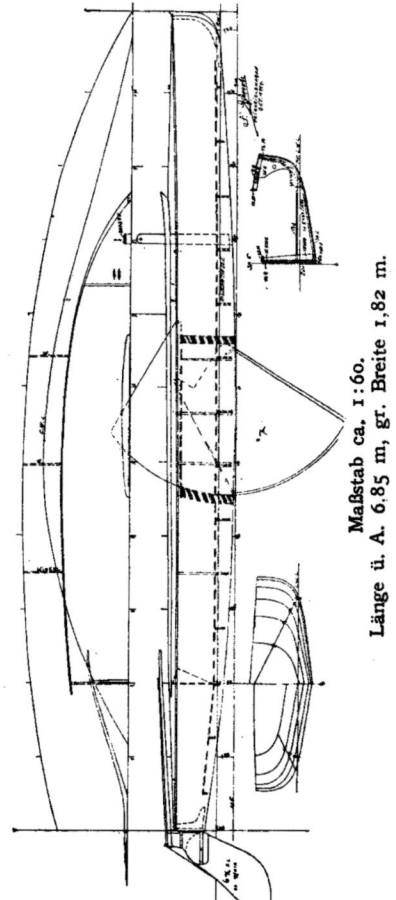

Maßstab ca. 1:60.
Länge ü. A. 6,85 m, gr. Breite 1,82 m.

„Poggfred",
entworfen von Reinhard Drewitz, Berlin.

Der neueste Vertreter der 20 qm-Klasse des B. K. V., der sich auf den Wettfahrten des letzten Jahres als außerordentlich schnell, namentlich bei leichter u. mittlerer Brise erwiesen hat. Das Boot ist als reines Rennboot in Auftrag gegeben, hat aber gleichwohl bereits im ersten Jahre auch seine Brauchbarkeit für Wanderfahrten bei jedem Wetter erwiesen: Schnelligkeit, Stabilität, Trockenheit im Seegang, Geräumigkeit sind seine besonderen Wandertugenden, wobei die meisten dieser Tugenden auch dem Rennbootcharakter zugute kommen.

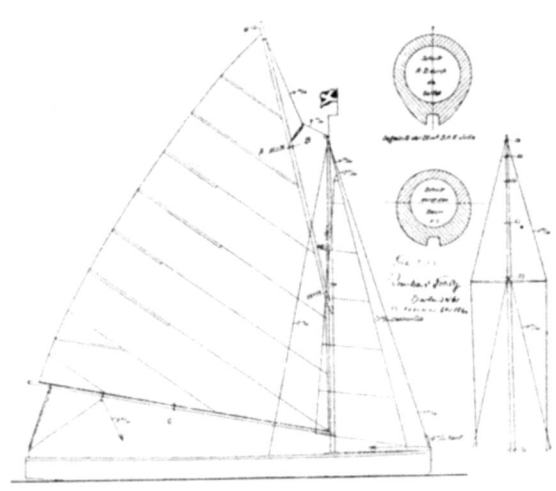

Maßstab 1 : 120.

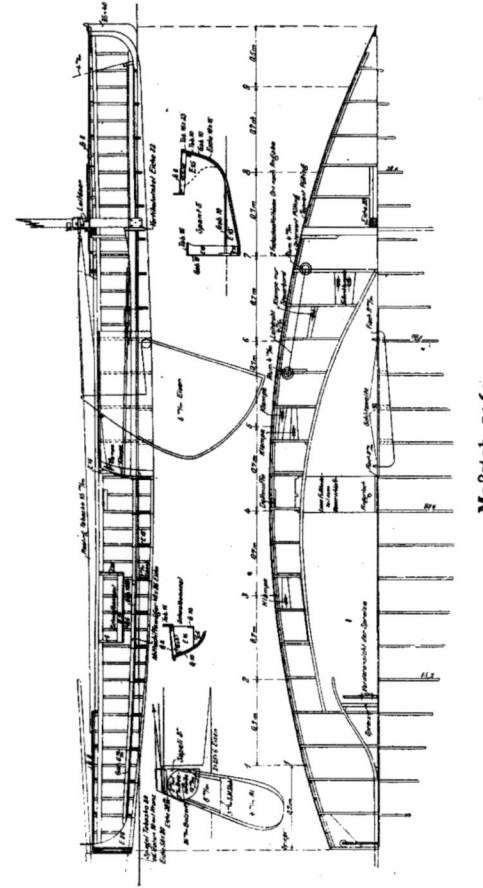

Maßstab 1:60.

Größte Länge 6,78 m, größte Breite 1,80 m.

20 qm-Jolle „Pusteback II",

entworfen von W. Lehmann, Woltersdorf

Einer der allerneuesten Vertreter der Klasse II, der zurzeit auf der Lehmannschen Werft in Woltersdorf gebaut wird und erst im nächsten Frühjahr sein Können beweisen soll. Die Linien zeigen ein nicht sehr extremes, aber doch in einigen Einzelheiten besonderes Boot. Die scharfen Wasserlinien des Vorschiffs verbürgen gute Raumschotseigenschaften und weiches Arbeiten im Seegang. Im allgemeinen dürfte das Boot sein Bestes bei leichter und mittlerer Brise leisten. In der Hand eines guten Steuermanns pflegen ja aber solche Jollen auch bei steifem Winde schnell und stabil genug zu sein, um sich erfolgreich zu behaupten.

Linien- und Spantriß.

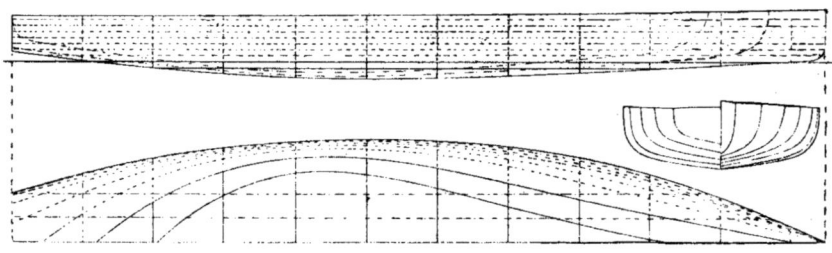

Maßstab 1 : 60.
Länge ü. A. 6,90 m, gr. Breite 1,70 m, niedrigster Freibord 0,38 m, gr. Tiefgang mit Schwert 1,07 m.

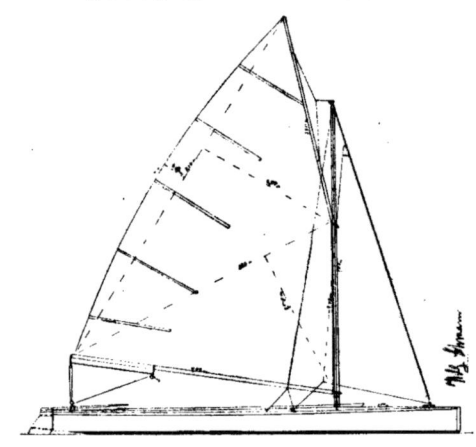

Maßstab 1 : 120.
Großsegel 16,40 qm, Vorsegel-Δ 3,60.

„Fink",
entworfen von Reinhard Drewitz.

Die hier veröffentlichten Risse geben einen der zahlreichen Vertreter des „kurzen Typs" wieder, mit denen auf den Wettfahrten des Deutschen Segler-Verbandes wie des Berliner Kleinsegler-Verbandes umfassende Versuche gemacht worden sind.

Der „Fink" ist extrem als Leichtwetterboot durchgearbeitet; er ist nur 5½ m lang und trägt bei 1,80 m Breite eine ungewöhnlich steile Markonitakelage. Interessant ist die knifflige Abstagung der außerordentlich leichten Spieren; das Jumpstag ist doppelt nach Backbord und Steuerbord geführt und wird in halber Höhe des Mastes durch eine freischwebende Spreize auseinandergehalten, um die Fock frei davon ausschwingen zu lassen.

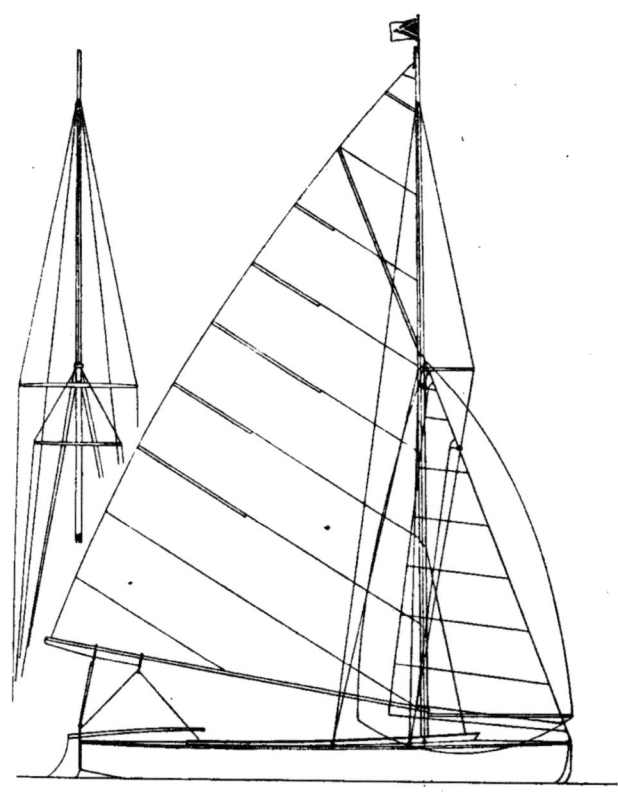

Segel- und Takelageriß. Maßstab 1 : 80.

Die Ergebnisse haben den extremen kurzen Typ im allgemeinen zugunsten der besseren All-round-Eigenschaften der längeren Boote wieder in den Hintergrund treten lassen; für ausgesprochene Leichtwetterboote wird man aber immer wieder auf ihn zurückgreifen und mit ihm Erfolge erzielen.

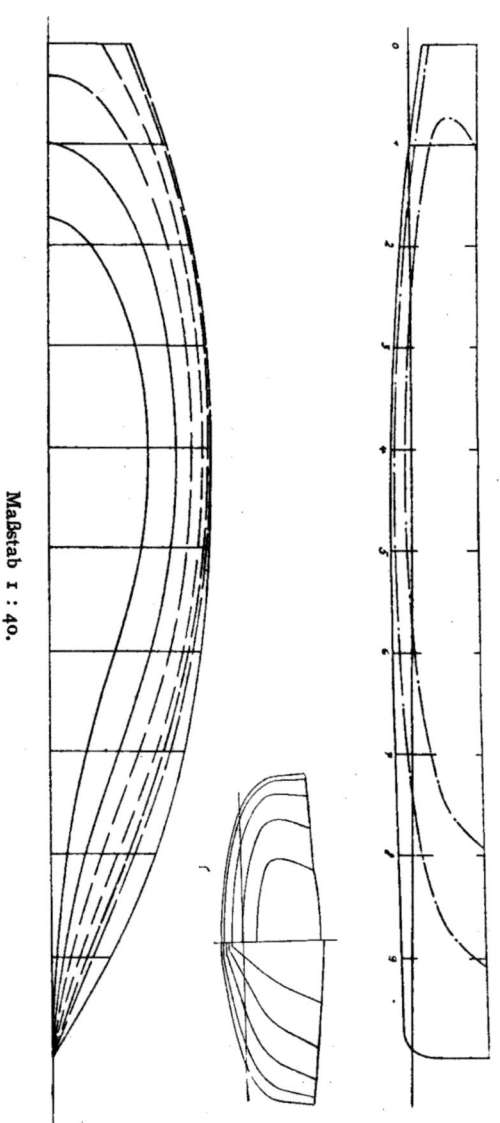

Maßstab 1 : 40.

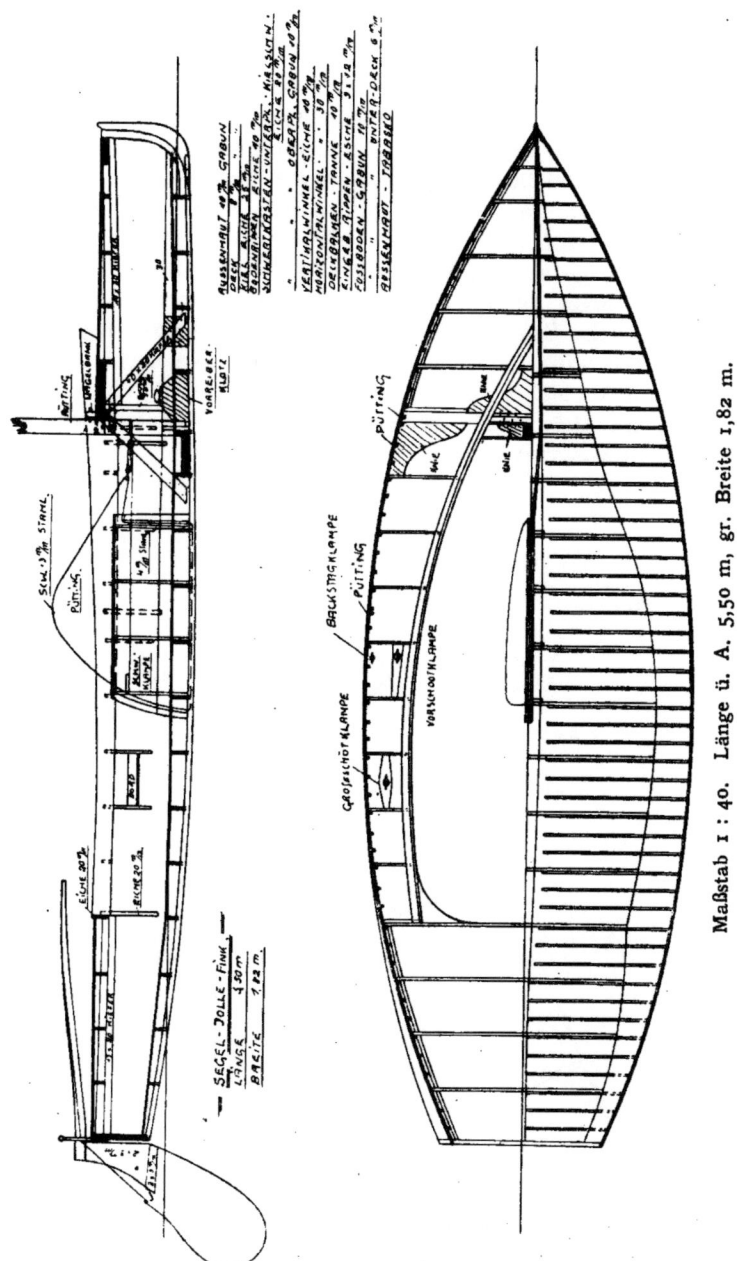

Maßstab 1 : 40. Länge ü. A. 5,50 m, gr. Breite 1,82 m.

Drei 20 qm-Jollen
mit der gleichen Seiten- und Decksansicht.

Durch die Gleichförmigkeit und tatsächliche Verschiedenheit der 3 Bootsformen möchten wir das Auge des praktischen Seglers für das Erkennen wesentlicher und unwesentlicher Linien schärfen. Die 3 Jollen gleichen sich außer in der Seitenansicht auch noch in der C. W. L. vollkommen und weisen doch sehr wesentliche Unterschiede auf. Scheinbar kleine und geringfügige Abweichungen, die auf der Wiedergabe des Risses im Maßstab 1 : 40 für das weniger geübte Auge kaum wahrnehmbar sind, können sehr erhebliche Unterschiede in der Geschwindigkeit ergeben. In Wirklichkeit würden die 3 Zeichnungen mit so verschiedenartigen Spanten auch völlig verschiedenartige Boote ergeben, die namentlich in ihrer Stabilität und in ihren **Am-Wind-Eigenschaften** stark voneinander abweichen.

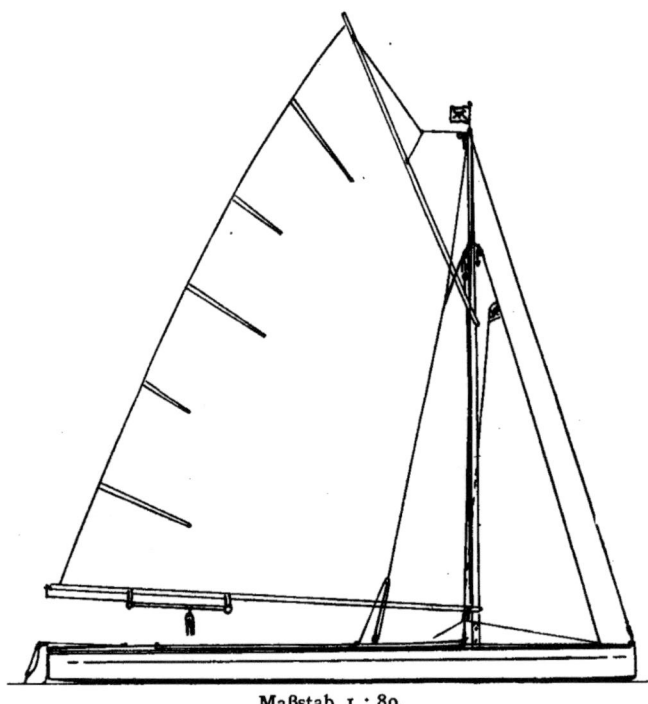

Maßstab 1 : 80.

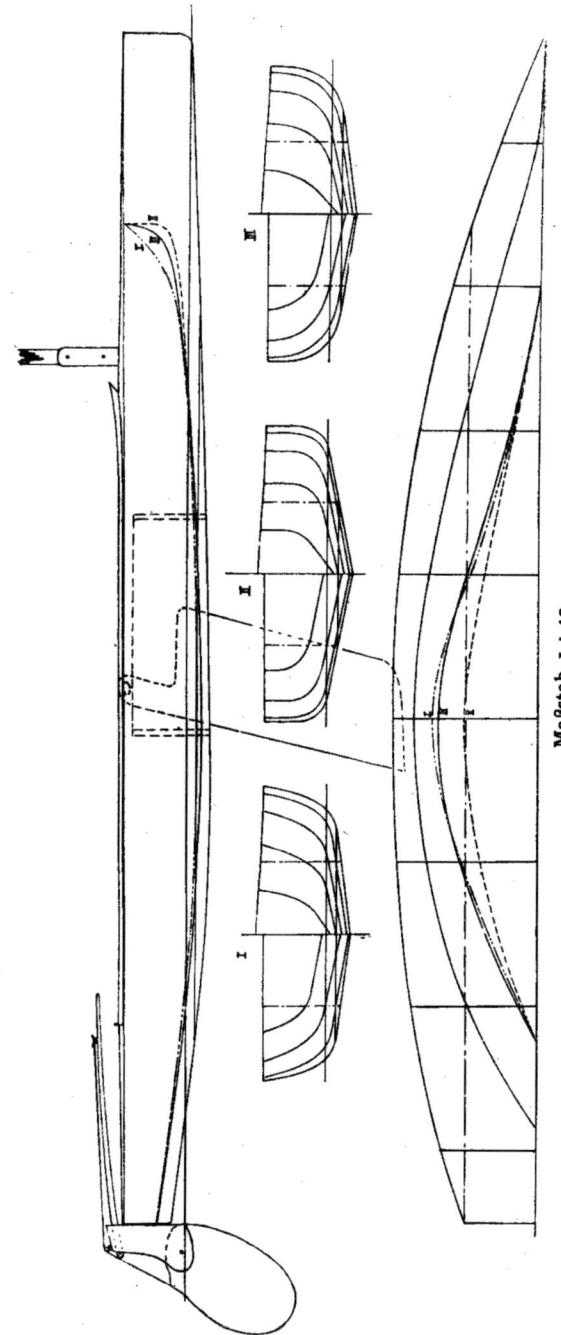

Maßstab 1 : 40.
Länge ü. A. 6,56 m, größte Breite 1,64 m.

20 qm-Weser-Jolle,

entworfen von Ferd. Grünhagen, Bremen.

Diese steifen, aus 10 mm Eiche klinker gebauten Jollen sind, trotzdem ihre zweckmäßige Raumverteilung sie als Turenboote erkennen läßt, doch sehr schnelle Boote und den rankeren, nationalen Jollen im rauhen Wasser der Weser vorzuziehen. Es sind ungefähr 22 Vertreter dieser Klasse vorhanden. | Nach vorstehendem Entwurf ist fünfmal gebaut worden, die Boote dürften die schlanksten Vertreter der Klasse sein.

Die Klassenvorschriften lauten: Klasse II.

Schwertjolle, Länge + Breite 7,90 m, Breite über Deck 1,85 — 1,90 m. Freibord mindestens 0,42 m, 20 qm Sluptakelung.

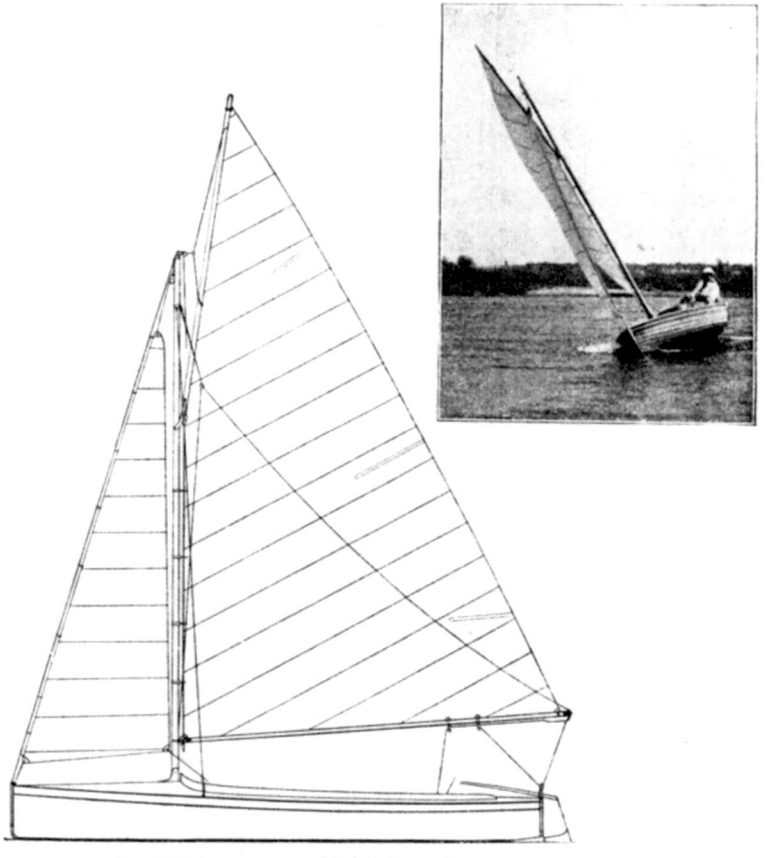

Segelfläche 20 qm. Maßstab 1 : 80.

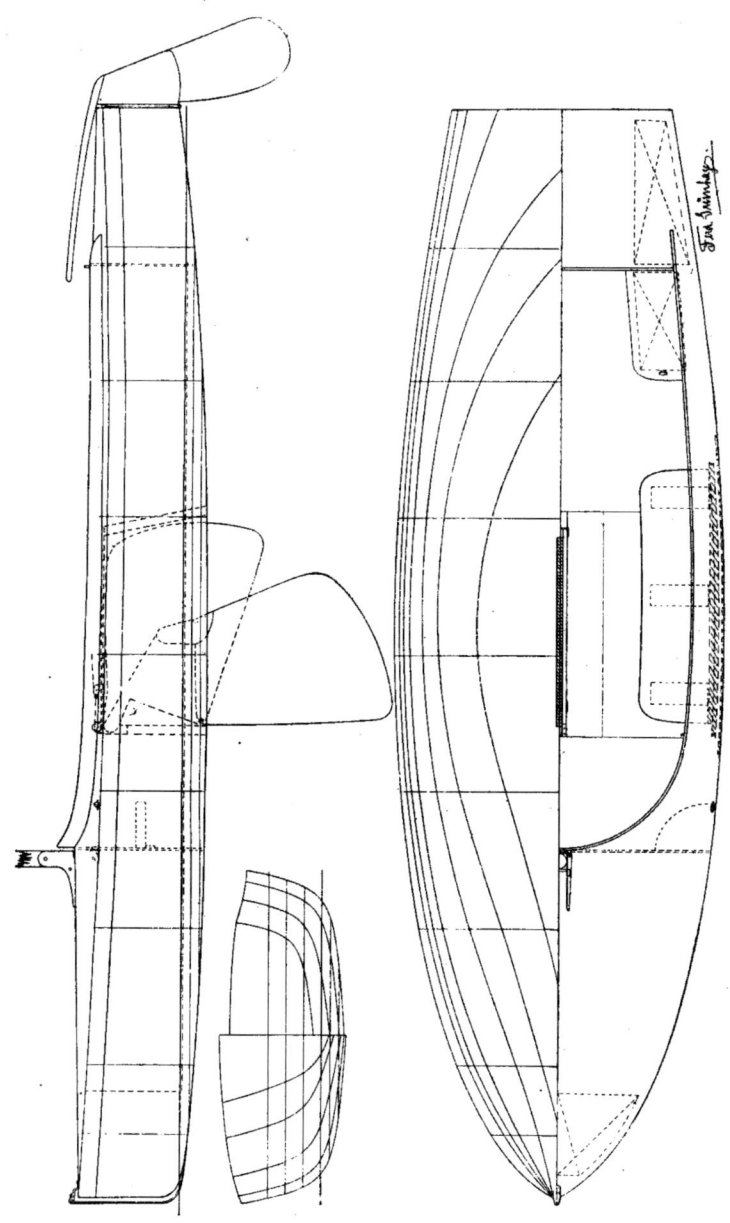

Maßstab 1:40. Länge ü. A. 6,00 m, gr. Breite 1,90 m,

6 m-Weser-Jolle (Kl. II),

entworfen von E. Naupert, Vegesack.

Eine für die Verhältnisse der Unterweser konstruierte und hier erprobte Jolle, die sich in Linien und Formen an den herkömmlichen Typ der Boote für rauhes Wasser anlehnt. Das Boot hat auch auf dem Steinhuder Meer bei Hannover Freunde gefunden. Für abgedeckte Reviere dürfte sich die Hochmasttakelung ganz besonders eignen.

Maßstab 1 : 120. Hochmasttakelung.

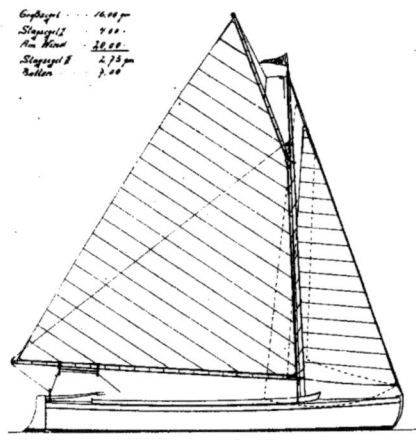

Maßstab 1 : 120. Gaffeltakelung.

Großsegel	16,00	qm.
Stagsegel	4,00	.,
Am Wind	20,00	qm.

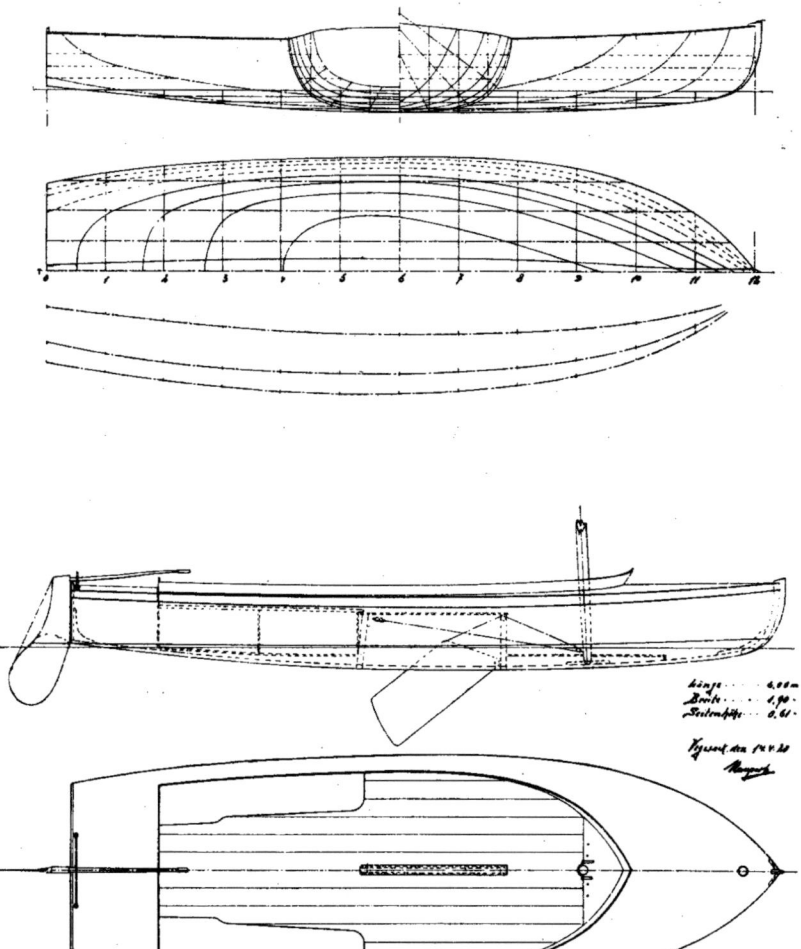

Maßstab 1 : 60. Länge ü. A. 6,00 m, gr. Breite 1,90 m.

20 qm-Wanderjolle „Windbeutel",
entworfen von Kurt Reusche.

Das Boot ist als reines Wanderboot gedacht und ausgeführt. Die Konstruktion verzichtet auf die bei modernen Rennjollen üblichen scharf eingezogenen Vor- und Achterschifflinien, mit besonderer Rücksicht auf die Forderungen des Wanderseglers, der mit bedeutender Ladung (Gepäck für lange Fahrten) rechnen muß. Das mäßig völlige Vorschiff erlaubt eine große Vorderbelastung, der verhältnismäßig hohe Freibord gewährt Sicherheit auch in gröberen Wellen. Sehr reichlicher Stauraum ist in dem breiten Achterschiff vorhanden, Schlafplätze sind für vier Personen bequem zu schaffen.

Zum Vergleich ist die Linie der voll beladenen Trimmlage mit eingezeichnet.

Die Bauausführung ist kräftig, aber so leicht, daß ein lebendiges Boot auch bei Flaute ermöglicht wird. Die Form der Takelage nimmt ebenfalls auf Leichtwettereigenschaften Rücksicht, die Spieren sind hohl und zur größeren Handigkeit möglichst kurz gehalten. Der Mast klappt sehr bequem unter Deck, wobei außer dem Vorstagfall nichts gelöst zu werden braucht.

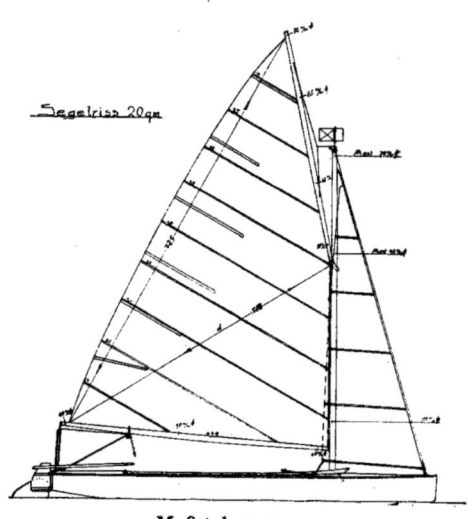

Maßstab 1 : 120.
Segelfläche: Vorsegel-Δ: 3,75 qm,
. Großsegel: 16,22 „
Vermessungsfläche: 19,97 qm

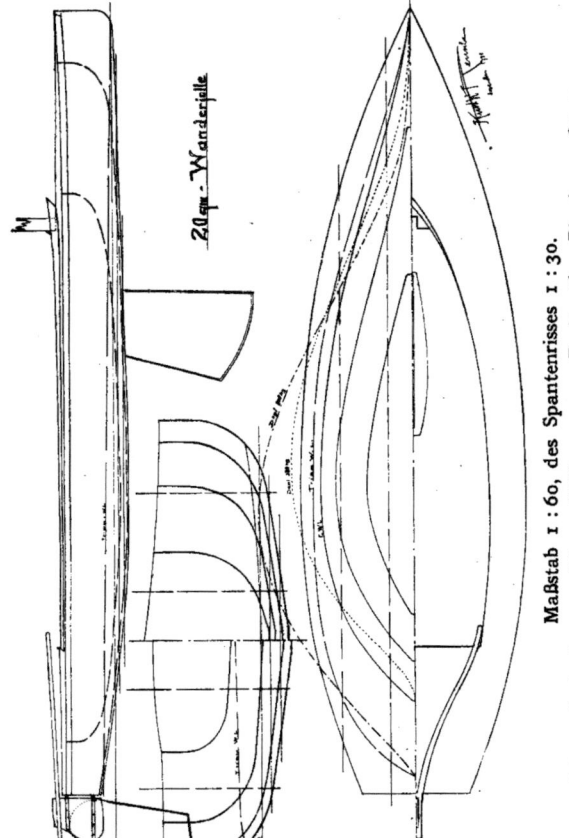

Maßstab 1 : 60, des Spantenrisses 1 : 30.
Länge ü. A. 6,40 m, Länge CWL 5,50 m, Breite über Planken 1,85 m,
Breite CWL 1,52 m, Freibord Mitte 0,42 m, Freibord vorn 0,48 m,
Depl.: leer 380 kg, Ladung 400 kg.

E. Nationale Binnenjollen des D. S. V. (22 qm Segelfläche).
Nationale Binnenjolle,
entworfen und gebaut auf der Werft von Abeking & Rasmussen, Lemwerder b. Bremen.

Die nationalen Jollen wurden im Jahre 1910 geschaffen, um auch für die offenen Regatten des D. S. V. ein billiges und handiges Boot zu haben und vor allem einen Stamm tüchtiger Segler für das Jachtsegeln heranzubilden. Da eine Weiterbildung der Bootstypen außerhalb des beabsichtigten Zweckes lag, so wurden genaue Einzelvorschriften gegeben, die wenigstens in allem Äußerlichen eine einheitliche Form dieser Jollen hervorrufen mußten.

Die wichtigsten Vorschriften waren folgende: L + B = 7,80, B. mindestens 1,70, B. W. L. mindestens 1,50, F = 42, Segelfläche 22 qm Sluptakelung, Eiche klinker, Ruder über Heck, Eindeckung vorn 1 m, achtern 0,60, seitlich 0,25, Gewicht 450 kg, Preis einschl. Konstruktionszeichnung höchstens 1000 M.

Diese Detailvorschriften konnten natürlich nicht verhindern, daß die Jollen sich zu empfindsamen Rennbooten entwickelt haben. Der Verband entschloß sich daher, einige der einengenden Vorschriften fallen zu lassen, namentlich die Forderung der Klinkerbauart, des Höchstpreises und des Gewichtes. Dafür wurden genaue Bauvorschriften erlassen.

Die Boote erhalten ihr charakteristisches Aussehen durch die Beschneidung der Länge und den hohen Freibord. Durch beides unterscheiden sie sich von den übrigen im Binnenlande üblichen Jollen gleicher Besegelung.

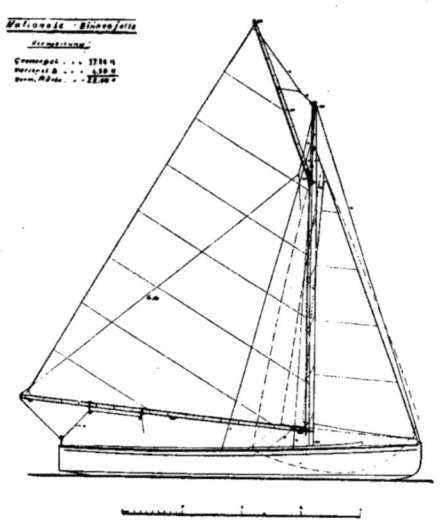

Maßstab 1 : 120.

Großsegel	17,50 qm
Klüver I	4,93 ,,
Klüver II	4,03 ,,
Spinnaker	8,10 ,,

Vermessung:
Großsegel 17,50 qm, Vorsegel-△ 4,50 qm.

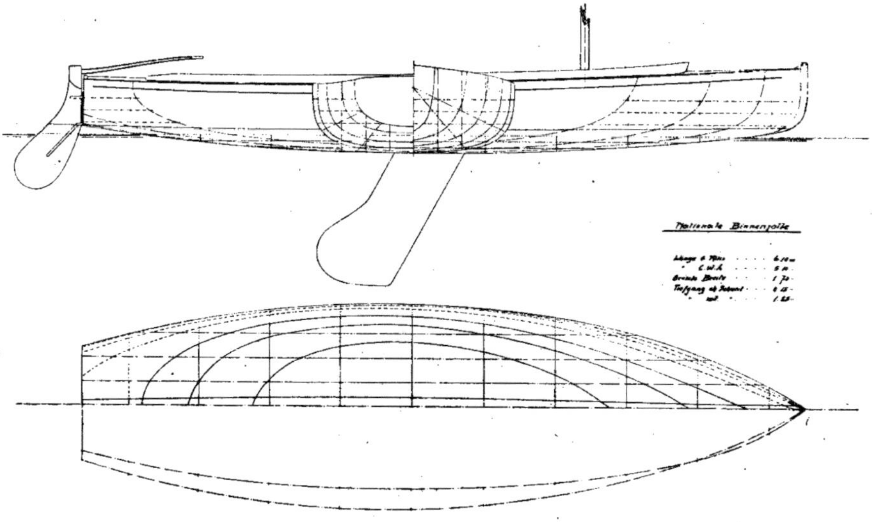

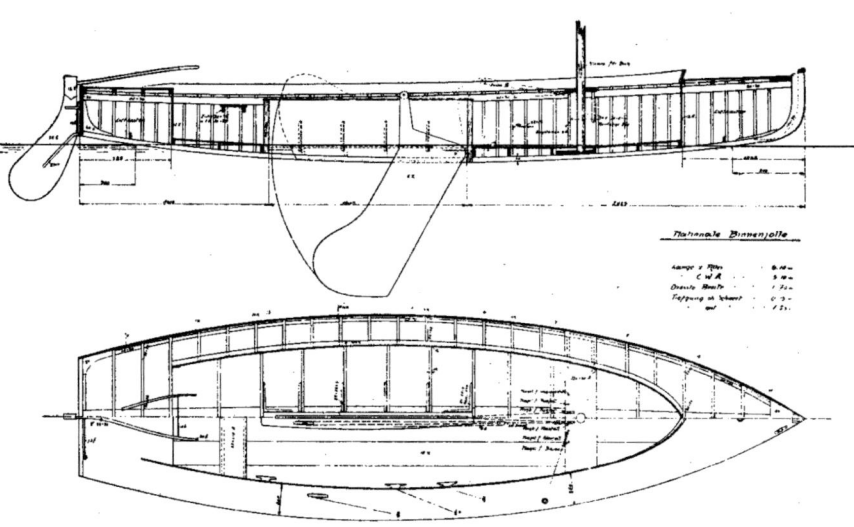

Maßstab 1 : 60.
Länge ü. A. 6,10 m, Länge in der C. W. L. 5,10 m.
Gr. Breite 1,70 m, Tiefgang 0,15 m, Tiefgang mit Schwert 1,25 m.

Nationale Binnenjolle „Ingo V",
entworfen von Reinhard Drewitz, Berlin.

Die Siegerin in den Wettfahrten um den Seglerhauspreis im Jahre 1920.

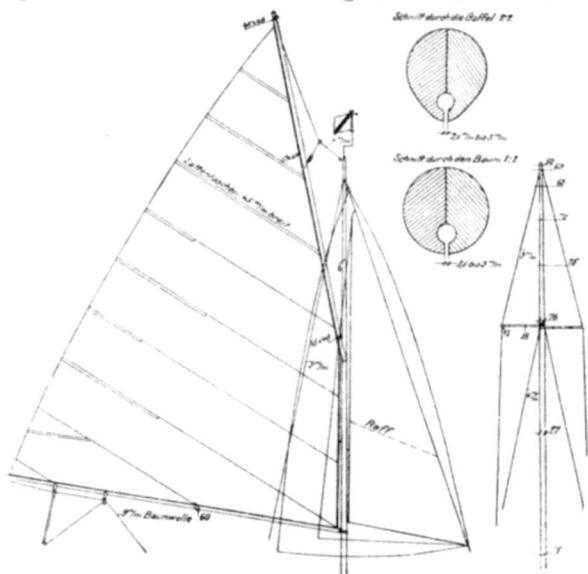

Maßstab 1:100.

Linien- und Spantriß.

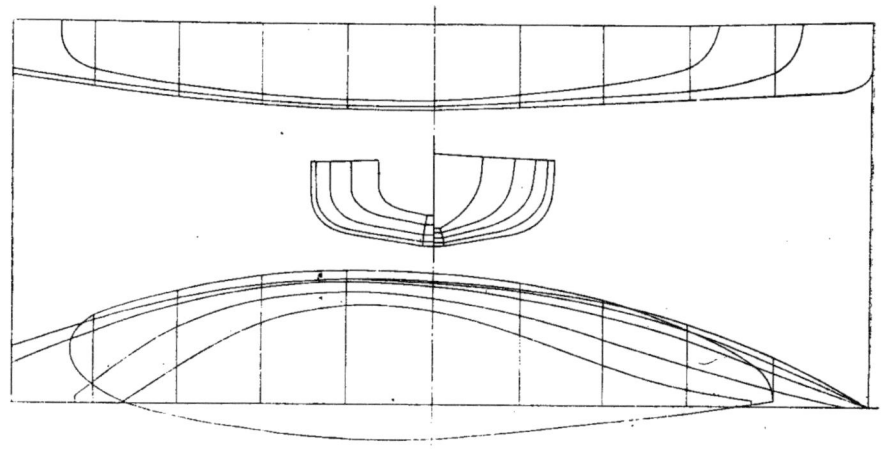

Bauzeichnung.

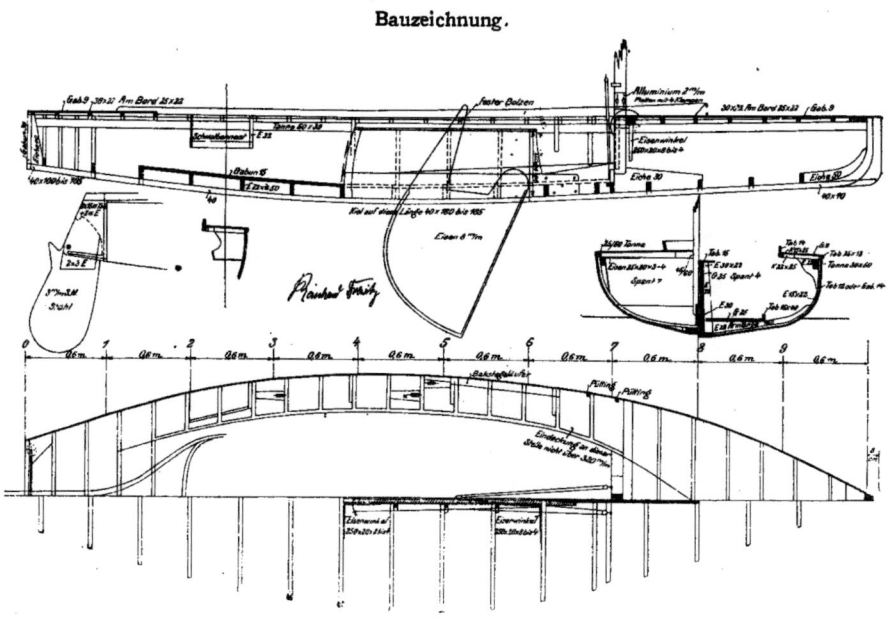

Maßstab 1:50.
Länge ü. A. 6,08 m, größte Breite 1,70 m.

F. Jollen über 20 bis 30 qm Segelfläche.
Klasse I des B. K. V.
Leichtwetterboot,
entworfen von Henry Schärff, Grünau (Mark).

Die geringe benetzte Oberfläche und die im Verhältnis dazu sehr große und steilgestellte Segelfläche werden dem Boot bei Flaute und leichter Brise eine große Geschwindigkeit verleihen. So wird das Boot sich auch für seine Größe (bei nicht zu schwerer Bauausführung) leicht rudern lassen. Für Turenfahrten ist es wegen seiner hohen Takelage besonders in abgedecktem Revier geeignet.

Die große Eindeckung sichert dem gerefft segelnden Boot im Seegang Trockenheit und gibt außerdem zwei sehr geschützte, bequeme Schlafplätze im Vorschiff.

Auch dieses Boot gehört zu den Jollen, die ein jachtmäßiges Aussehen haben, das durch Form und Größe der Besegelung noch erhöht wird.

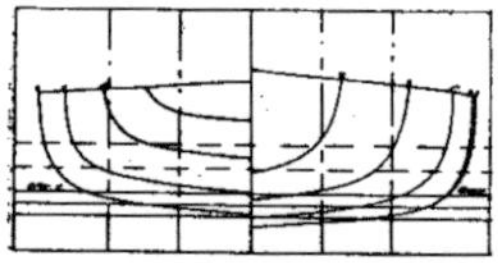

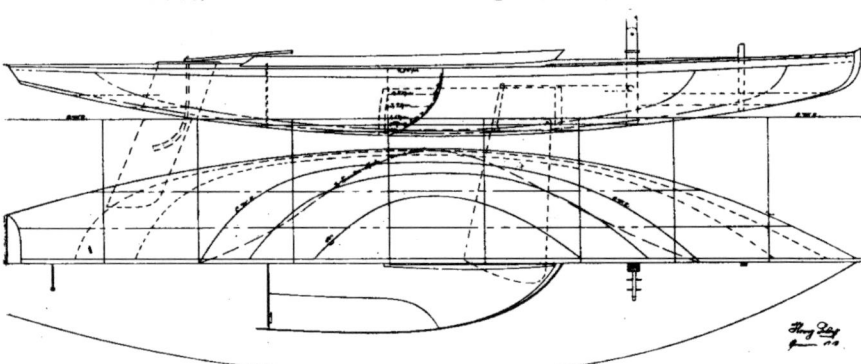

1 : 60. 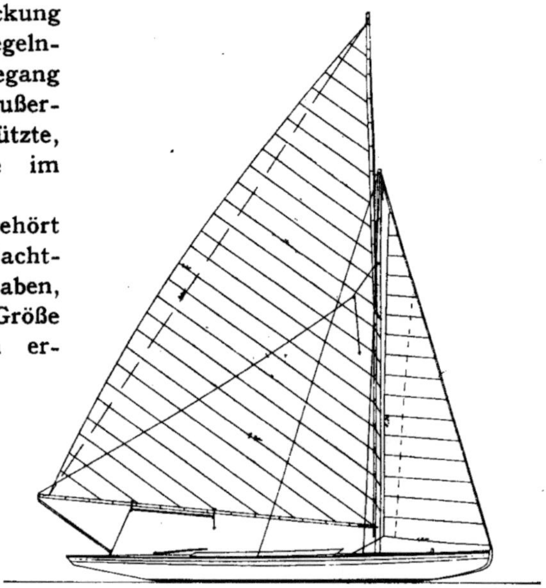   Segelriß. Maßstab 1 : 120.

Maßstab 1 : 60.   Länge ü. A. 7,20 m, gr. Breite 1,90 m.
Länge C. W. L. 4,20 m, Breite W. L. 1,64 m.

30 qm-Rennjolle.

Ein Versuch, durch extrem U-förmige Spanten und prahmähnliche Wasserlinien ein auch bei geringer Länge und Breite stabiles Boot für die große Segelfläche einer 30 qm-Jolle zu schaffen.

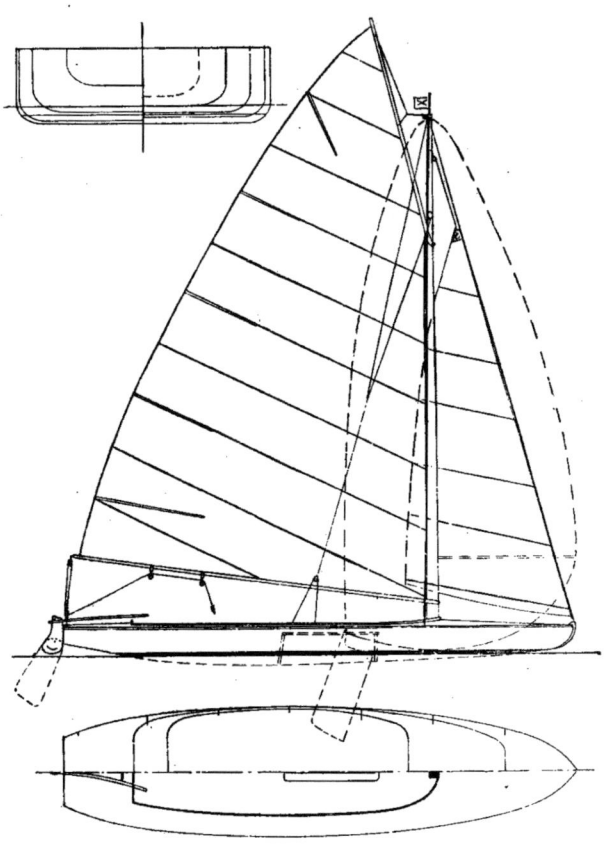

Maßstab 1 : 100.
Länge ü. A. 7,20 m, gr. Breite 1,80 m,
Breite i. d. C. W. L. 1,75 m, Freibord 0,40 m.
Plankenstärke 12 mm.

Segelfläche:		
Großsegel	24,00	qm
Vorsegel-Δ	6,00	,,
Am Wind	30,00	qm

26 qm-Jolle „Paula II",

entworfen von Ober-Ing. C. E. Heymann, Berlin-Steglitz.

Das Boot — ein schönes Beispiel für einen Jollentyp von jachtmäßigem Aussehen — ist bereits viermal gebaut, und zwar dreimal für die alte Donau bei Wien und die Salzkammergut-Seen und einmal für Berliner Gewässer. Überall hat sich das Boot als schnell und stabil bewährt und gute Segeleigenschaften gezeigt. Da die Sitze auf das Deck gelegt sind, ist das Kokpit sehr geräumig, trotzdem aber an den Seiten soweit eingedeckt, daß selbst im Kenterungsfalle so leicht kein Wasser ins Boot dringt. Für alle Fälle sind jedoch im Bug und Heck noch wasserdichte Schotten eingebaut, so daß das Boot unsinkbar ist.

Das Klappruder ist eine Eigentümlichkeit, die in den Fahrwasserverhältnissen auf der alten Donau begründet ist (sehr flache Stellen, die passiert werden müssen, wenn man das Gewässer in seiner ganzen Ausdehnung absegeln will). Wo ähnliche Verhältnisse nicht bestehen, ist jedoch ein festes Balanceruder in der punktierten Form empfehlenswerter, weil das Boot damit viel ruhiger steuert. Die Bauausführung ist einfach und kräftig gehalten. Alle Einzelheiten gehen aus der Bauzeichnung hinlänglich hervor.

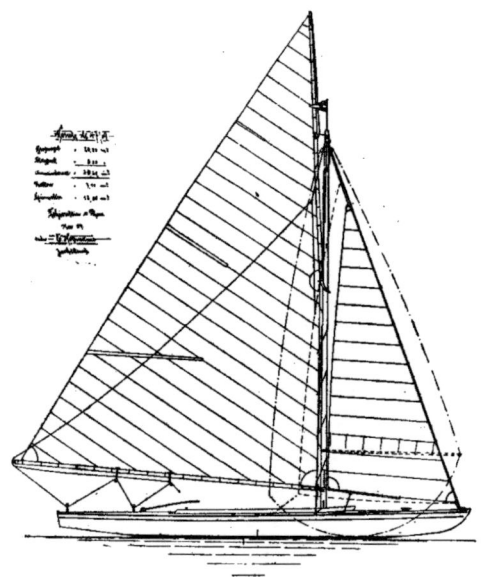

Segelriß. Maßstab 1 : 120.
Großsegel 20,2 qm, Vorsegel-△ 6 qm.

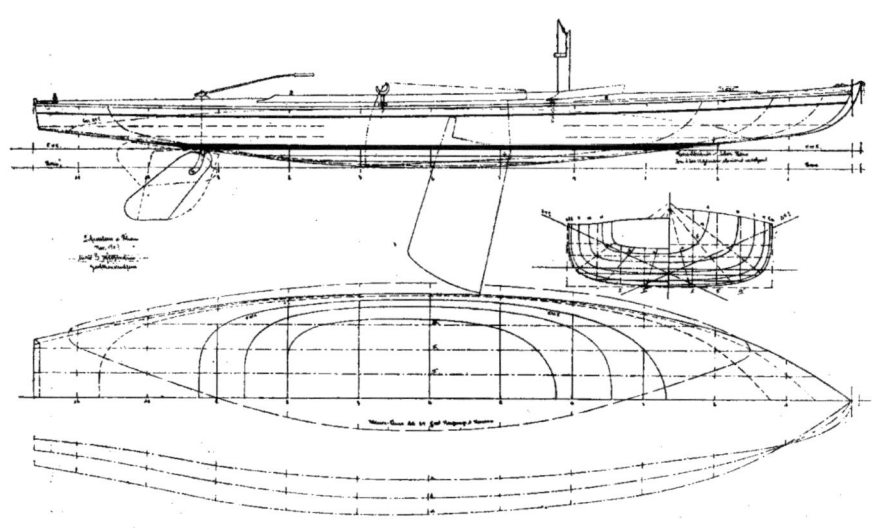

Linienriß. Maßstab 1 : 60.
Länge ü. A. 7,00 m, gr. Breite 1,76 m.
Länge C. W. L. 3,95 m, Breite C. W. L. 1,64 m.

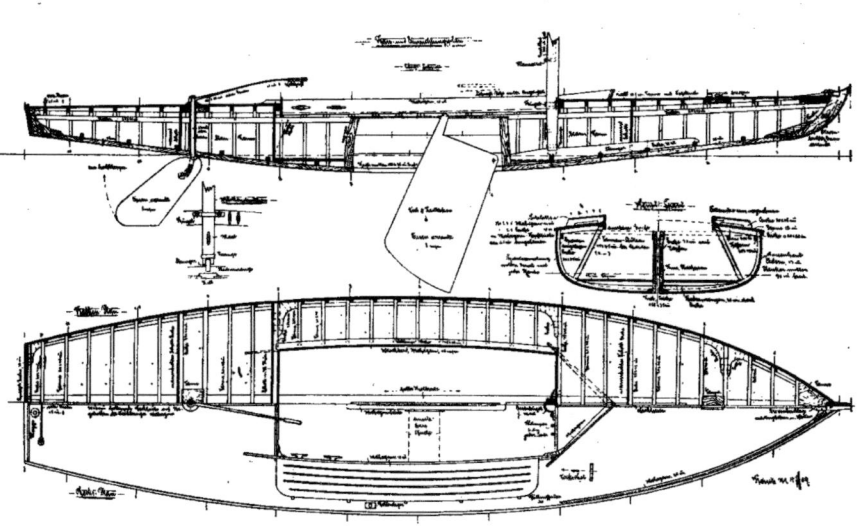

Bauzeichnung.

30 qm-Rennjolle,
entworfen von E. Bruns.

Die nachstehenden Risse zeigen ein schnelles Mittelwetter-Boot, bei dem besonders Wert auf möglichst gute Raumschotseigenschaften gelegt ist.

Die Spantform ist auf Grund der Erfahrungen der letzten Jahre, in denen Vergleiche und Versuche nach allen Richtungen hin möglich waren, gewählt. Sowohl die nationalen Jollen als auch die Boote des B. K. V. bis zu 20 qm Segelfläche hinauf hatten gezeigt, daß die Stabilität bei Wahl dieser abgerundeten Spantform auch bei steiferer Brise durchaus genügend ist. Bei Rennjollen der vorliegenden Größe war sie bisher nicht angewandt worden, sie hat sich aber auch hier, wie zu erwarten war, als ausreichend erwiesen.

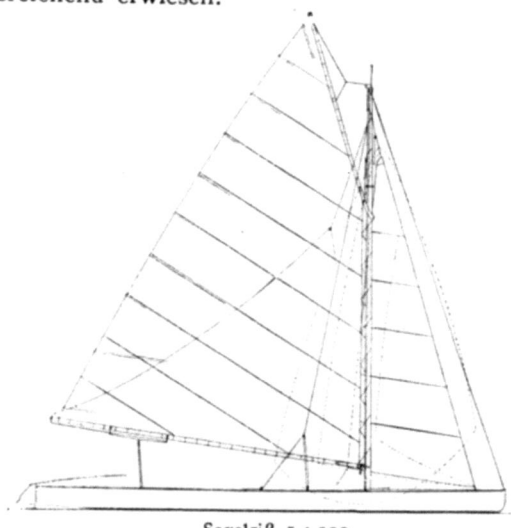

Segelriß 1 : 120.
Großsegel 22,37 qm, Vorsegel-Δ 5,63 qm. Ballon 7,5 qm, Spinnaker 11,25 qm.

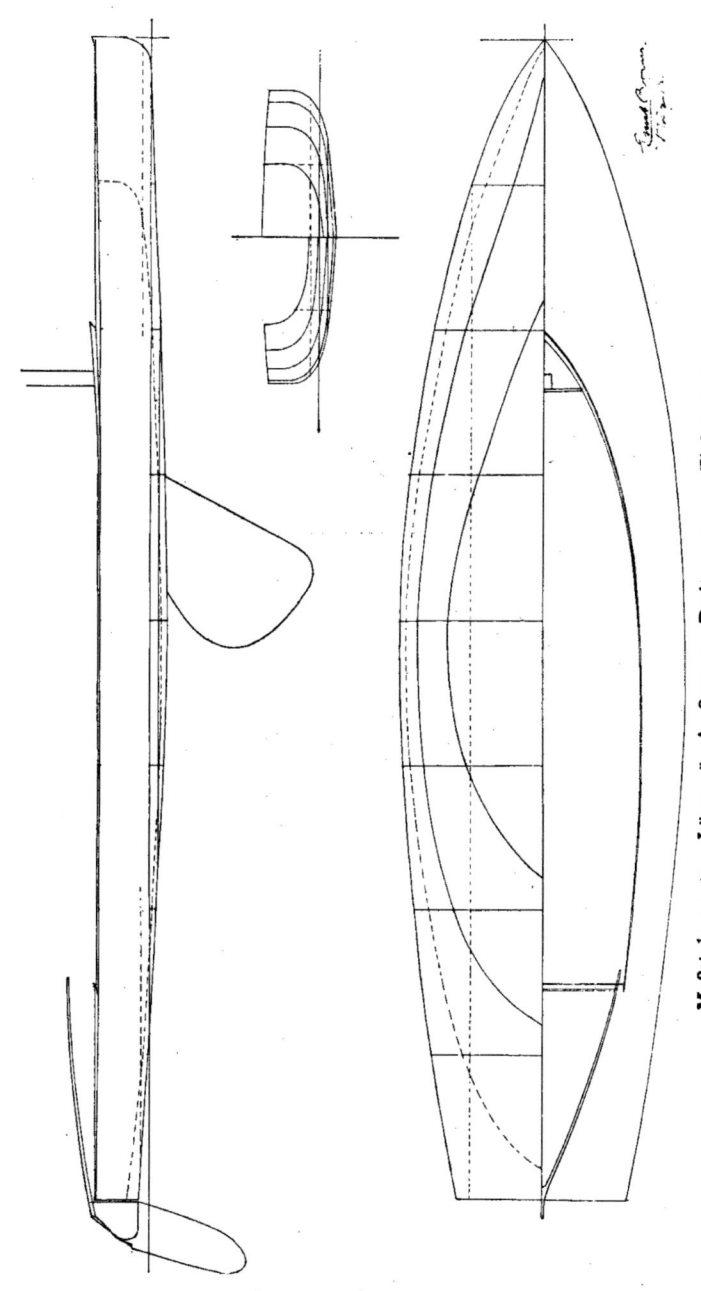

Maßstab 1 : 50. Länge ü. A. 8,00 m, Breite 2,00 m, Tiefgang 0,13 m.

„Balder", 30 qm-Rennjolle,
entworfen von E. Bruns, Berlin.

Eine der größten deutschen Klassen-Rennjollen mit bestechenden Formen. Das Boot zeigte sein Bestes bei frischer Brise und erwies sich trotz der großen Besegelung als recht steif, und die große Segelfläche bequem auch bei derbem Winde zu bedienen. Das Boot war jedoch auch bei leichtem Wetter für seine Größenverhältnisse außerordentlich lebendig und schnell.

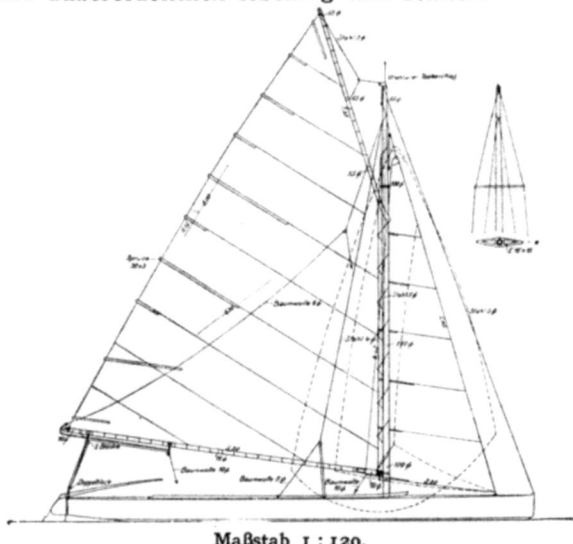

Maßstab 1 : 120.
Großsegel 24 qm, Vorsegel-Δ 6,00 qm.

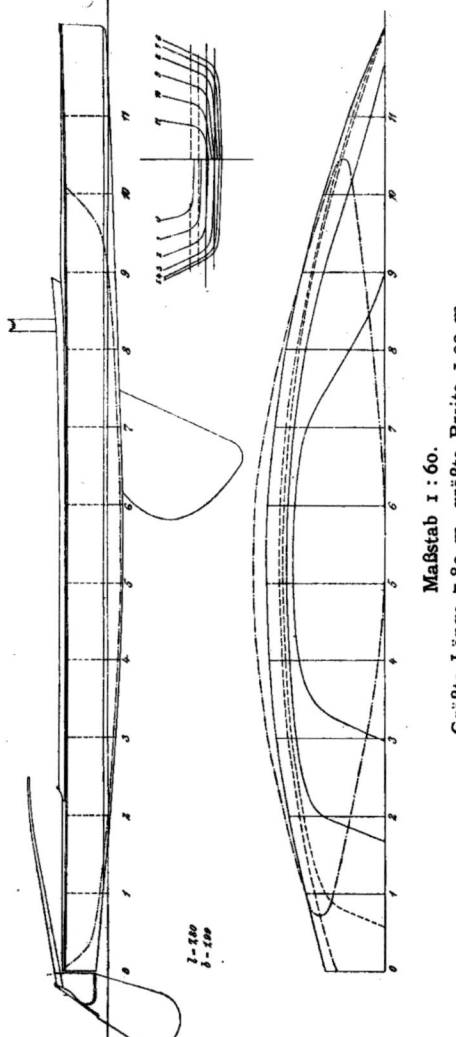

Maßstab 1 : 60.
Größte Länge 7,80 m, größte Breite 1,99 m.

Eine Club-Übungsjolle mit 30 qm Segelfläche,
entworfen von Dr. Lohmann, Berlin.

Die Größe und Form dieser Übungsjolle ergibt sich aus der Notwendigkeit, etwa zehn bis zwölf Mitsegler an Bord zu nehmen.

Die größte Schwierigkeit aber ergibt sich aus der Forderung, daß der Anfänger nicht bloß Mitsegler sein darf, sondern auch bald selber sich an Ruder und Schot versuchen muß. Es ist daher die eigenartige und neue Anordnung von Ruder und Schot vorgeschlagen worden. Sie ermöglicht dem Anfänger (dem „Steuermann"), vollkommen selbständig beides zu bedienen, sie ermöglicht aber andererseits — und das ist die Hauptsache — dem Lehrmeister (dem „Führer"), jederzeit die mangelnde Kunst des Steuermanns völlig auszuschalten und, ohne Worte und Zeit verlieren zu müssen, Ruder und Schot nach seinem besseren Wissen zu bedienen und so ein drohendes Mißgeschick rechtzeitig abzuwenden.

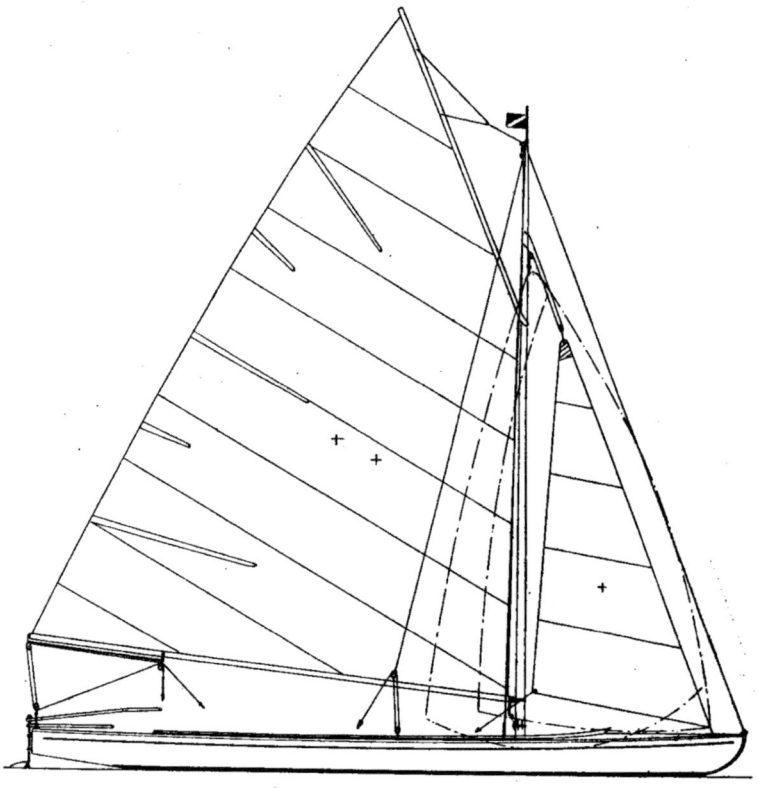

Segelriß. Maßstab 1 : 90. Großsegel 25 qm, Fock 5 qm.

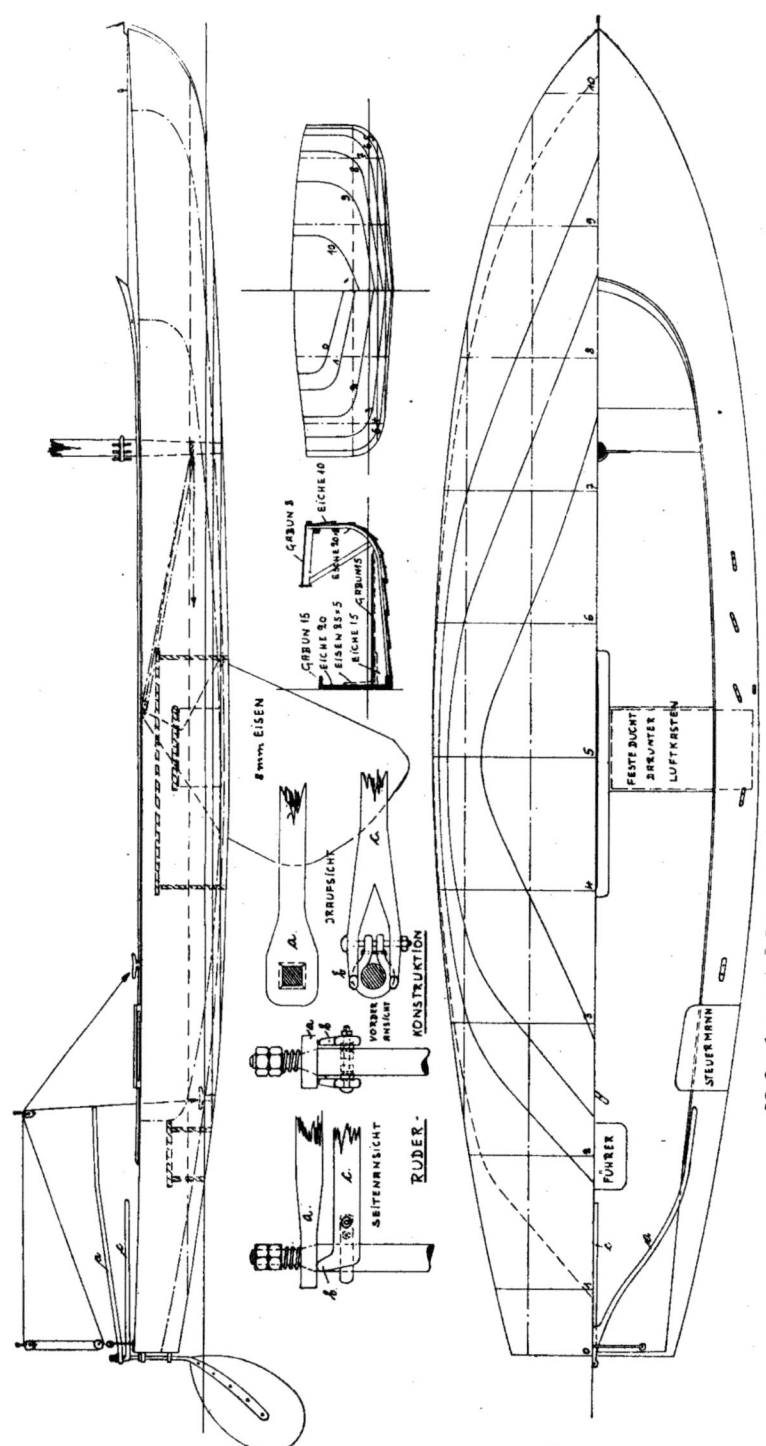

Maßstab 1 : 50. Länge ü. A. 9,00 m, gr. Breite 2,25 m, Freibord 0,45 m.

G. Jollen für rauhes Wasser.

Nationale Küstenjolle „Irma",
nach den Vorschriften des D. S. Vb.,
entworfen vom Jachtkonstrukteur W. Duwe, Bremen-Vegesack.

Ein genaueres Studium der Linien zeigt, in welcher Weise der Konstrukteur den gerade an eine Küstenjolle zu stellenden Anforderungen gerecht geworden ist und wie er bemüht gewesen ist, gute Leichtwettereigenschaften, Stabilität und weiches Arbeiten im Seegang miteinander zu verbinden.

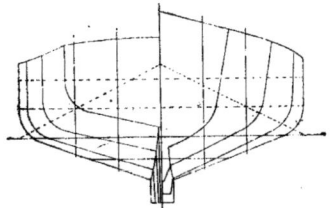

Maßstab 1:50. Spantenriß.

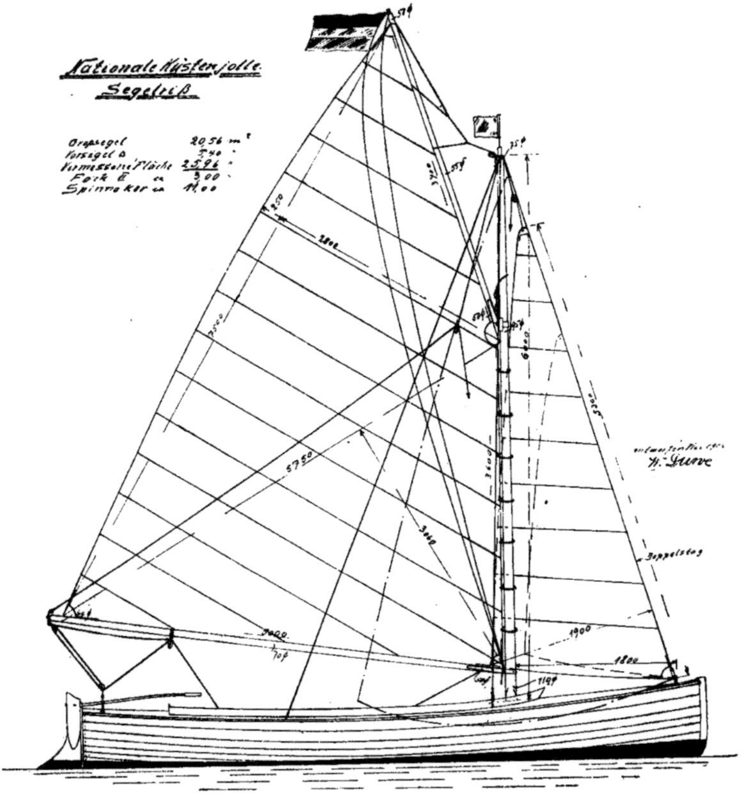

Maßstab 1 : 80.

Großsegel	20,56 qm
Vorsegel - Δ	5,40 ,,
Vermessene Fläche	25,96 qm
Fock II ca.	3,00 ,,
Spinnaker ca.	11,00 ,,

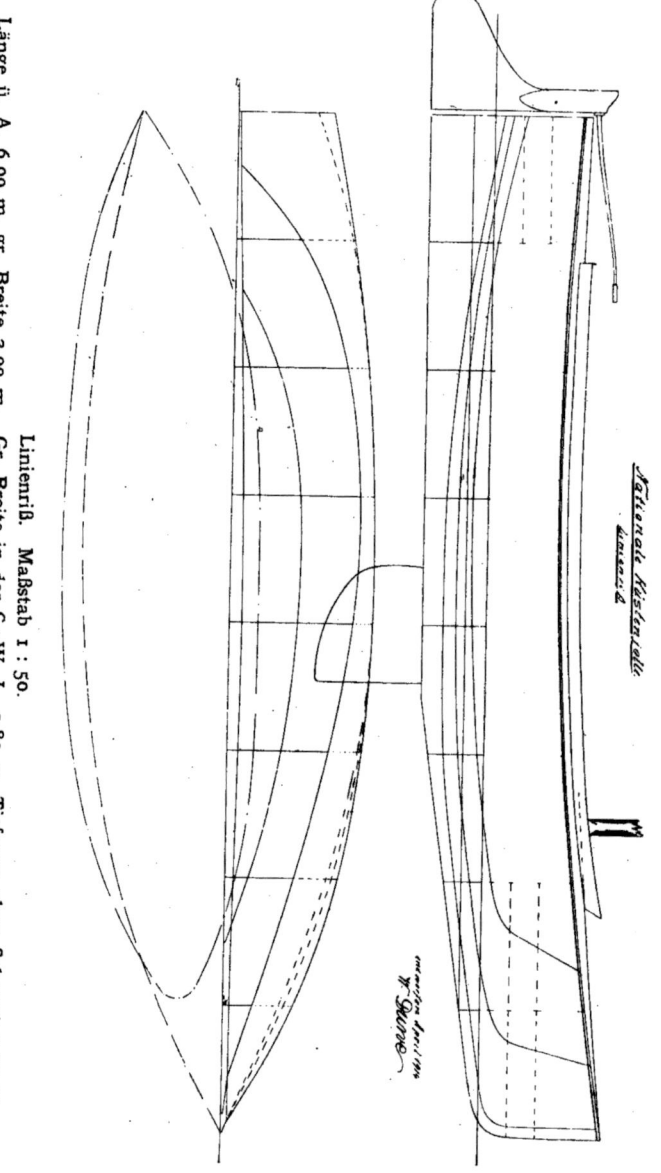

Linienriß. Maßstab 1 : 50.
Länge ü. A. 6,99 m, gr. Breite 2,00 m. Gr. Breite in der C. W. L. 1,80 m, Tiefgang ohne Schwert 0,45 m.

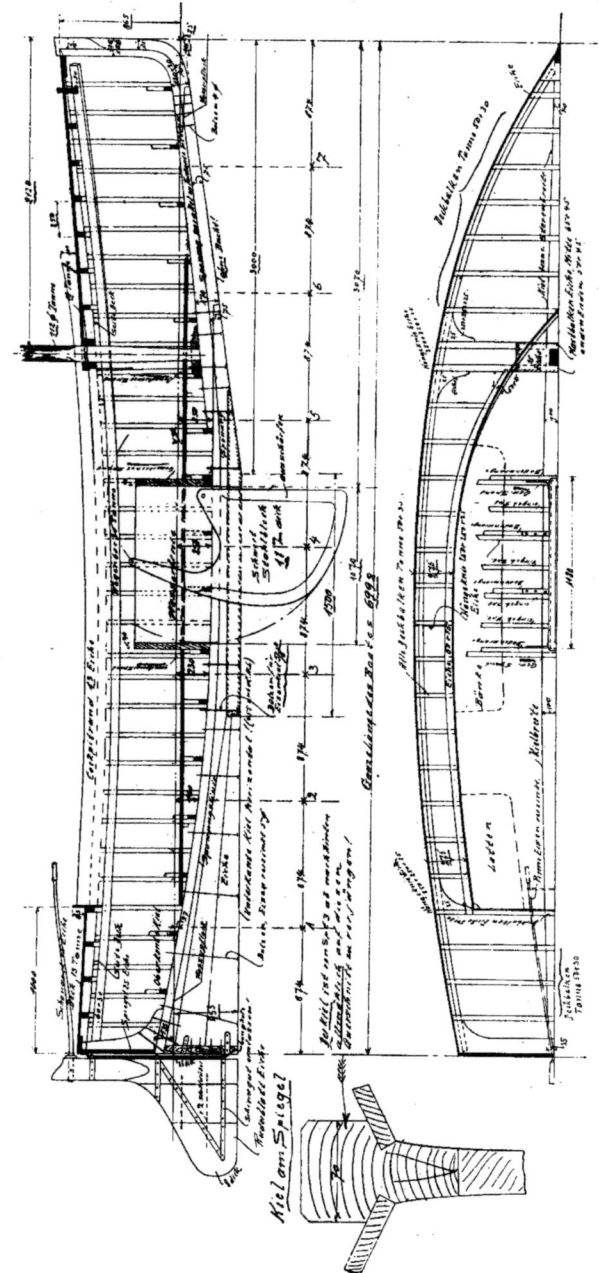

Maßstab 1 : 50.
Bau- und Einrichtungspläne der Nationalen Küstenjolle „Irma".

Die nationale Küstenjolle „Irma" als Turenkreuzer,
entworfen von Jacht-Konstrukteur Walter Duwe.

Die folgenden Pläne zeigen, wie sich die nationale Küstenjolle „Irma" in einen Turenkreuzer verwandeln läßt. Da das Boot sehr steif und seetüchtig ist, kann es einen leichten Kajütaufbau sehr gut tragen. Dadurch wird eine kleine, 1,10 Meter hohe Kajüte geschaffen, die Schutz gegen Wind und Wasser und trockene Sitz- und Schlafplätze bietet. Die Ausstattung dieser Kajüte ist natürlich Geschmackssache. Allzuviel soll man von einem

so kleinen Boote nicht verlangen. Auf Schränke muß man schon verzichten. Der Landanzug ist besser auf dem im Vorschiffe angenommenen Netz hübsch glatt gelegt „verstaut" als eng zusammengeknüllt in einer kleinen Kiste. Die „Sofas" sind 1,95 m lang und 65 cm breit angenommen. Das Kokpit hat eine Länge von 1,80 m und liegt über der Wasserlinie, kann

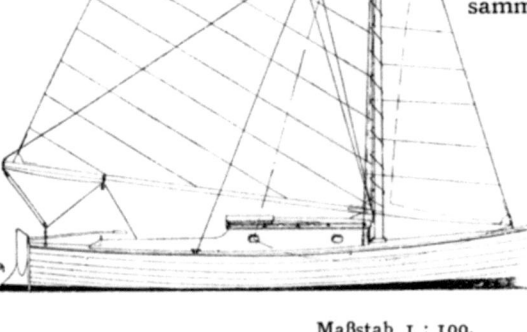

Maßstab 1 : 100.

also selbstlenzend eingerichtet werden, was auf der Zeichnung der Gewichtsersparnis wegen nicht vorgesehen ist. Unter den Sitzbänken ist je ein Kasten für Eß- und Kochgeschirr.

Bei allem ist darauf geachtet, daß der Umbau möglichst billig wurde. Infolgedessen ist auf jede Änderung am Bootskörper verzichtet, so verlockend das Wegschneiden des unzweckmäßigen Totholzes hinten am Kiel (vgl. die strichpunktierte Linie) auch ist. Die Takelung ist ganz unverändert geblieben.

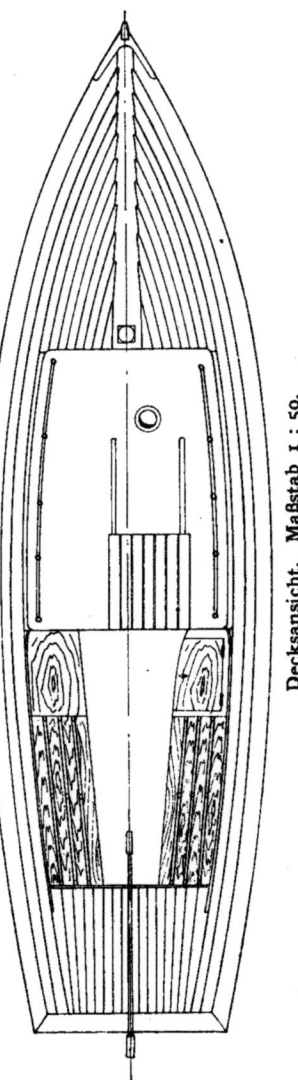

Decksansicht. Maßstab 1 : 50.

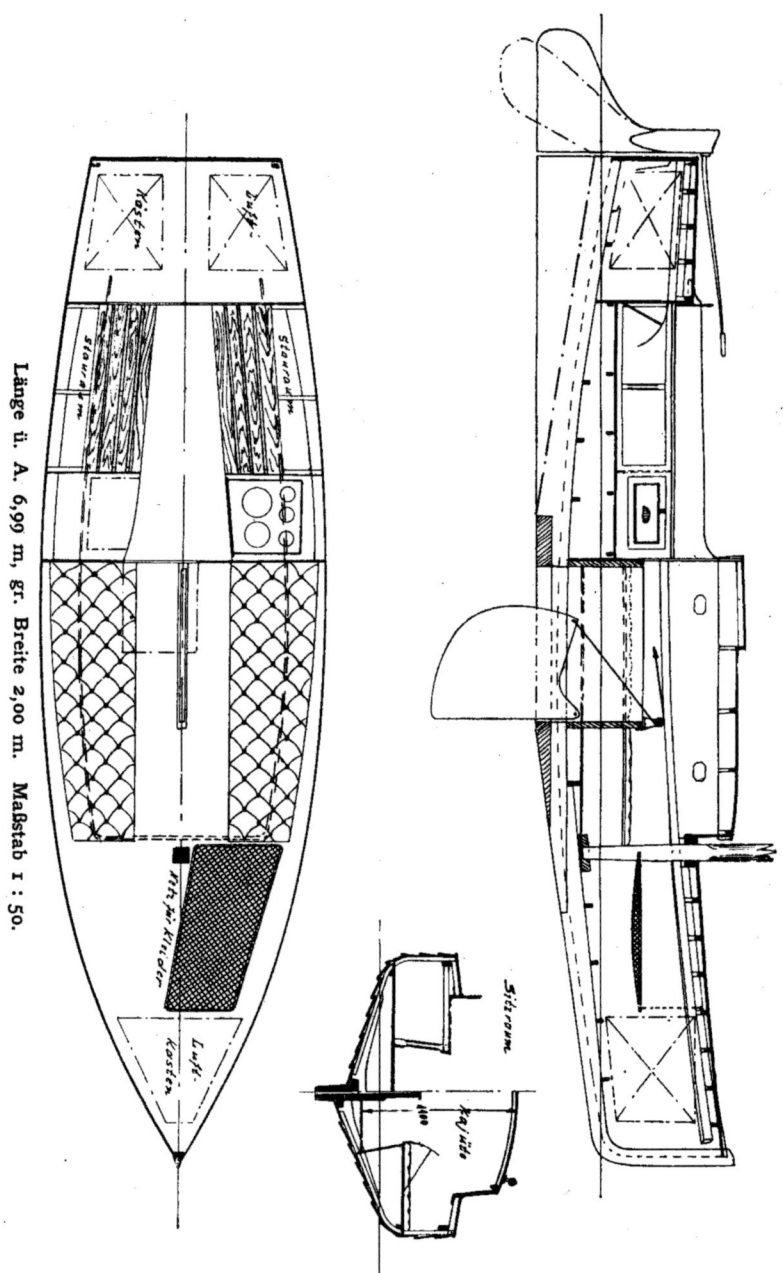

Nationale Küstenjolle des D. S. V. als Übungsboot,
entworfen von Dr. Lohmann, Berlin.

Ein recht brauchbares Übungsboot in Segelgebieten, die dem reinen Kielboot keine allzugroßen Schwierigkeiten bereiten. Außerordentlich steif, recht gute See- und Segeleigenschaften, ganz hübsch flink und jedenfalls den Gebrauchsbooten und so manchem, höher besegelten Sportfahrzeug leicht davoneilend, dabei verhältnismäßig trocken und vor allen Dingen sicher und unsinkbar durch seine vorgeschriebenen Luftkästen.

Für den Anfang und für schweres Wetter dürfte die kleinere Takelage das Richtige sein und vollauf genügen. Wenn die Wett-

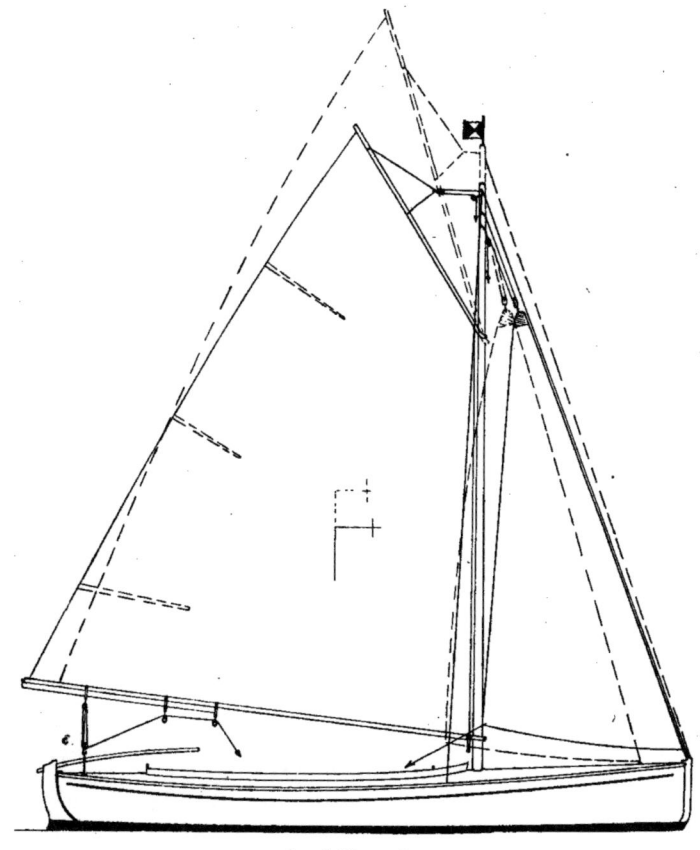

Segelriß 1 : 80.
Übungstakelage: Großsegel 19 qm, Vorsegel-△ 7 qm.
Renntakelage: Großsegel 20,8 qm, Vorsegel-△ 5,2 qm.

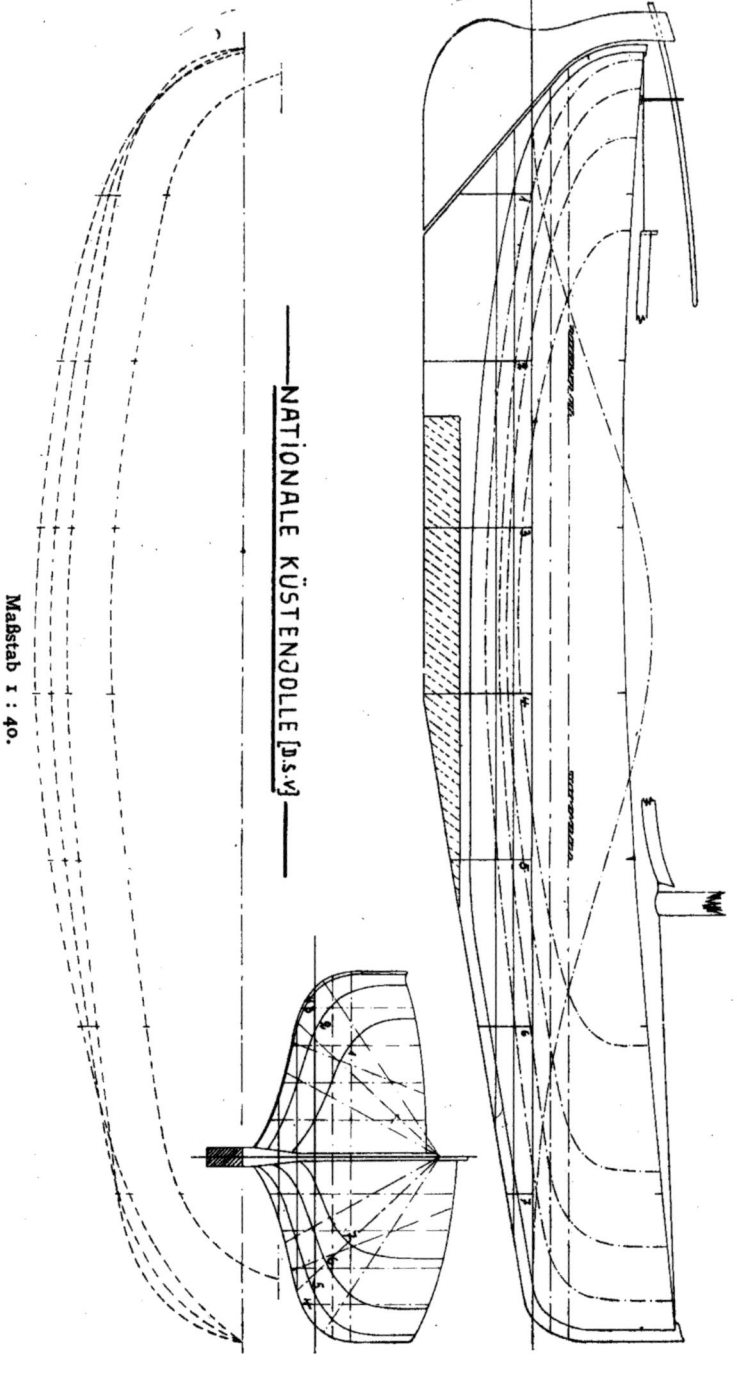

fahrtbeteiligung als wesentlicher Zweck der Übung angesehen werden soll, so empfiehlt es sich allerdings wohl, die Fock zurückzusetzen und dafür mit dem Großsegel an die letzte, nach den Vorschriften erlaubte Grenze heranzugehen. Bei leichtem Winde könnte dies unter Umständen entscheidend sein. Es sind deshalb beide Segelformen, die Übungs- und die Renntakelage eingezeichnet — über die Wahl müßte der Zweck entscheiden.

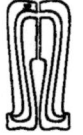

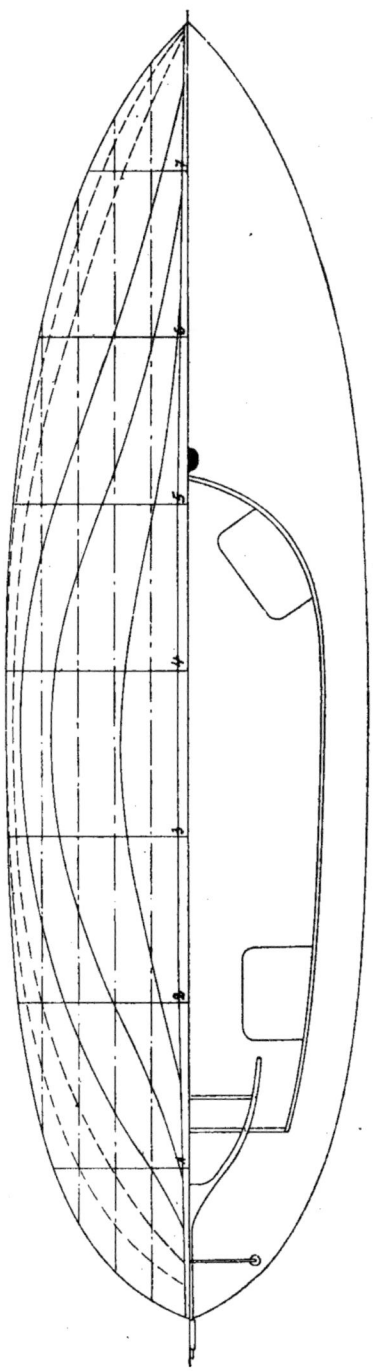

Maßstab 1 : 40.
Länge ü. A. 7,00 m, größte Breite 2,10 m, Tiefgang 0,60 m.

Küstenjolle für den Akademischen Segler-Verein zu Danzig,
entworfen von Marinebaumeister H. Wustrau, Kiel.

Ein Übungs- und Schulboot für die Weichsel zu Nachmittagsfahrten, zugleich Turenboot für längere Ausflüge ins Frische Haff. Im allgemeinen sind die Bedingungen der nationalen Jollen eingehalten, nur wurde stärkere Bauart, größere Eindeckung, und bei größerer Breite geringere Länge gewählt. Schlafraum für vier Mann ist vorhanden.

Gegenüber den nationalen Jollen fernere Vorzüge: Größere Stabilität, trockenes Segeln, Seetüchtigkeit.

Unsinkbarkeit durch abgeschottete Lufträume an den Enden reichlich gesichert, sodaß das Boot, vollgeschlagen oder gekentert, auch mit vier Mann noch schwimmt.

So zeigt der Entwurf, wie sich aus dem Typ der nationalen Jolle ein schöner und brauchbarer Küstentyp entwickeln läßt.

Segelriß. Maßstab 1 : 120.

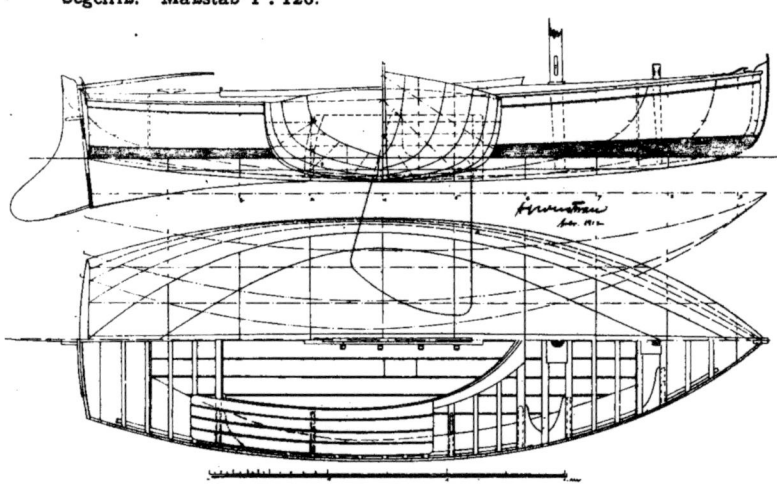

Maßstab 1 : 60. Länge ü. A. 5,80 m, gr. Breite 2,00 m.

26 qm-Jolle für den Plattensee in Ungarn,

entworfen für die Bootswerft J. Ratz, St. Gilgen (Wolfgangsee).

Der 76 km lange Plattensee, dessen geringe Tiefe und freie Lage leicht einen hohen Seegang aufkommen läßt, verlangt durchaus seetüchtige Boote. Diese Bedingung ist bei dem vorliegenden Entwurf durch den hohen Freibord und durch die Linienführung erfüllt. Eine große Stabilität ist glücklich vereinigt mit den Eigenschaften eines gut segelnden Bootes, die viele sogenannte Küstenjollen, wie wir sie in diesem Buche begreiflicherweise nicht vorführen, völlig vermissen lassen. Der vorgesehene Rollklüver ermöglicht beim Alleinsegeln eine leichte Regulierung der Vorsegelfläche und läßt sich ev. durch mehrere Vorsegel ersetzen. — Die Schwertform ergibt bei halb gefiertem Schwert für mittlere Brise eine hinreichend große Fläche, während bei Flaute das ganz herabgelassene Schwert eine starke Vergrößerung des Lateralplans ermöglicht. Form und Größe der Besegelung gewährleistet auch bei leichtem Winde eine hinreichende Schnelligkeit, soweit sich eine solche bei der kräftigen Bauart erreichen läßt. —

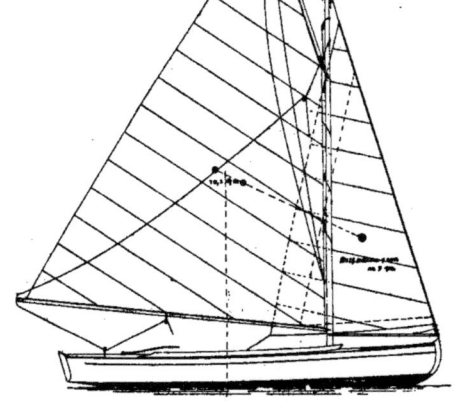

Segelriß. Maßstab 1 : 120.
Großsegel 19,2 qm, Rollklüver ca. 7 qm.

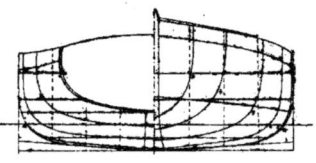

Spantenrisse. Maßstab 1 : 50.

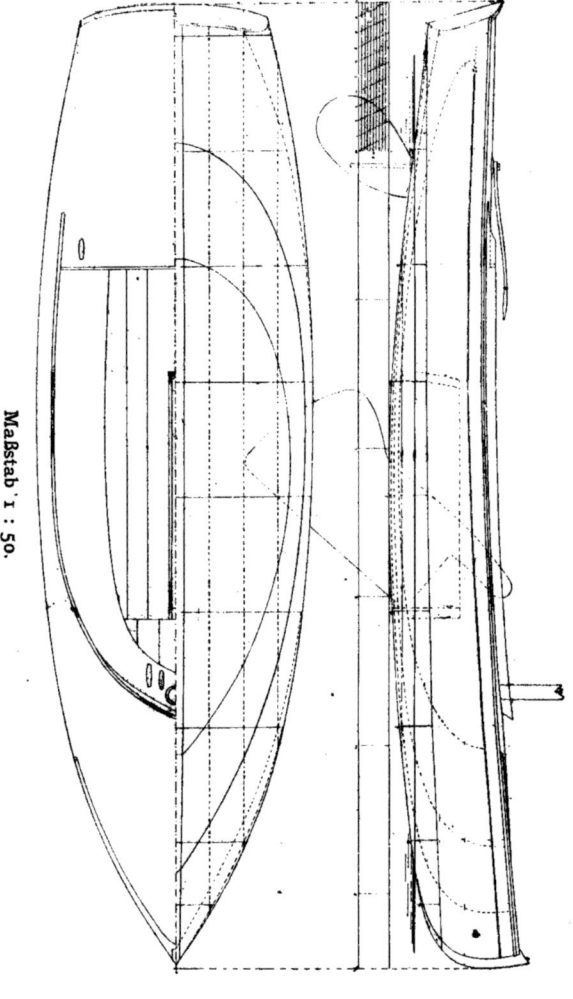

Maßstab 1 : 50.
Länge ü. A. 6,50 m, gr. Breite 1,90 m, Freibord, geringster 0,47 m, höchster 0,71 m.

25 qm-Spitzgattjolle,
entworfen von H. Rasmussen,
Lemwerder bei Bremen.

Ein typisches und vorzügliches Seeboot. Die Linien lassen sofort erkennen, daß die Jolle sich mit jedem Wetter und Seegang an der Küste abfinden kann und daß es auch die Brecher in der Brandung nicht zu fürchten braucht.

Der angebolzte Bleikiel verleiht dem Boot eine große Stabilität und ruhige Bewegungen im Seegang. Die scharfen und harmonischen Linien sichern dabei trotzdem dem in aufrechter Lage segelnden Boot auch bei leichter Brise gute Fahrt voraus.

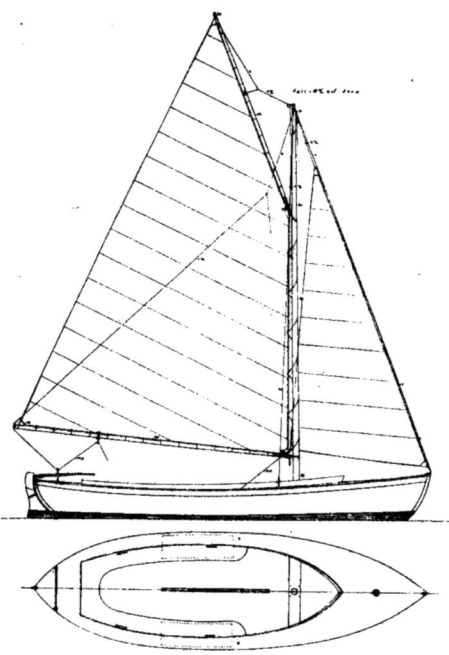

Maßstab 1 : 120.
Großsegel 18,5 qm, Vors.-△ 6,60 qm.

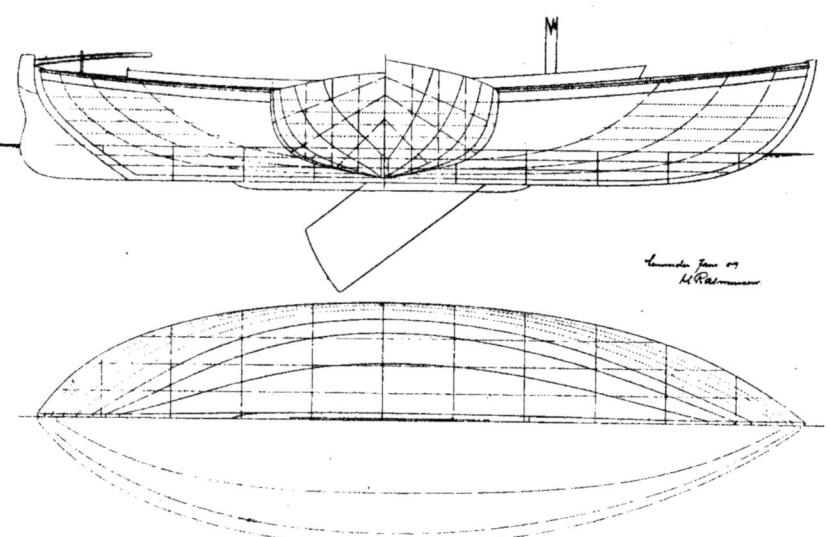

Maßstab 1 : 60. Länge ü. A. 6,65 m, gr. Breite 1,95 m, Tiefgang 0,35 m.

5,50 m-Spitzgatt-Küstenjolle,

entworfen von Walter Duwe, Vegesack-Bremen.

Eine kleine Küstenjolle für die Anhänger des offenen Bootes. Bei dem hier gezeigten Boote fällt die ergiebige Raumausnutzung auf. Es sind mehrere Boote nach diesem Riß gebaut. Sie zeichnen sich durch Steifheit, Schnelligkeit und Seetüchtigkeit aus.

Segelriß und Draufsicht. Maßstab 1 : 80.

Großsegel	13,75	qm
Stagfock I	3,50	,,
Am-Wind-Segelfläche	17,25	qm
Stagfock II	2,50	,,
Ballon	7,00	,,
Gesamtsegelfläche	26,75	qm

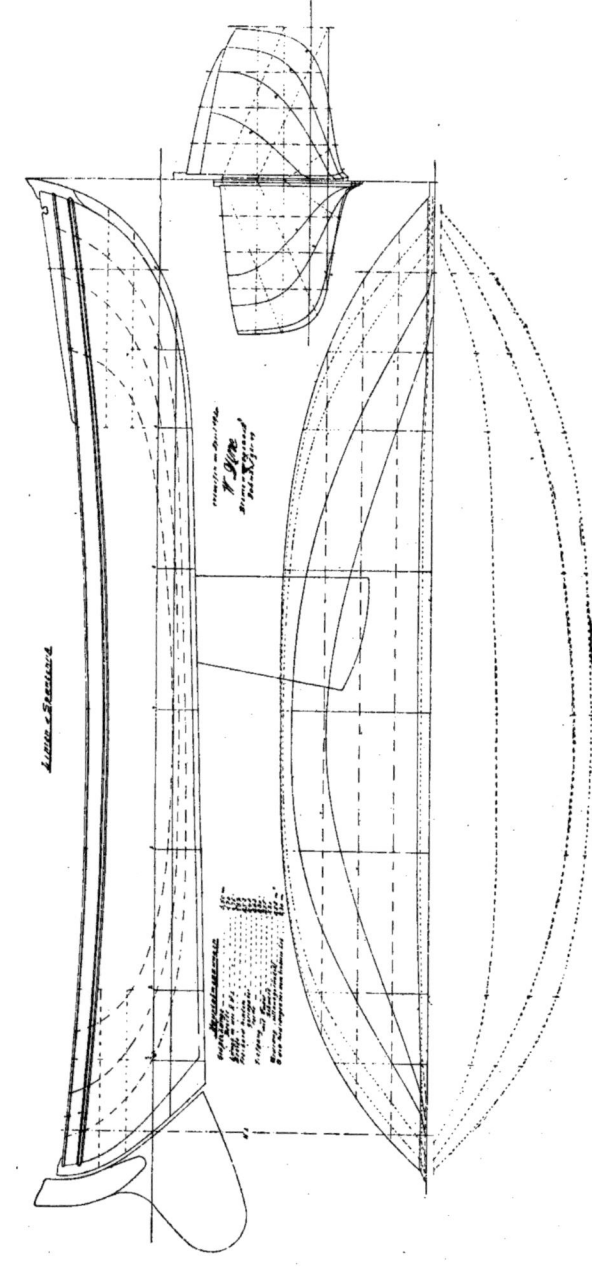

Maßstab 1 : 40. Größte Länge 5,50 m, Größte Breite 1,70 m, Länge in der K. W. L. 4,75 m, Freibord achtern 0,52 m, Freibord geringster 0,40 m, Freibord vorn 0,63 m, Tiefgang 0,30 m.

B. S. C.-Elbschwertjolle „Ariadne",
entworfen von A. Köster.

Die ersten Sportboote der Unterelbe entstammten den Gebrauchs- und Fischerbooten, die aber, von gut geschulter Besatzung geführt, brauchbare Resultate erreichten. Die dann als reine Sportboote gebauten Fahrzeuge hielten sich zunächst in Form und Größe der ursprünglichen. Mit dem Wachsen der Größe reichte der lebende Ballast, die Besatzung, nicht aus, und man mußte sich entschließen, erheblichen Ballast in Form von Eisenstücken und -kielen einzuführen.

Jeder Segler ist sich über diesen Übelstand klar, denn bei stürmischem Wetter ist bei offenen Fahrzeugen der Ballast gefährlich. Deshalb entschloß man sich im Blankeneser Segel-

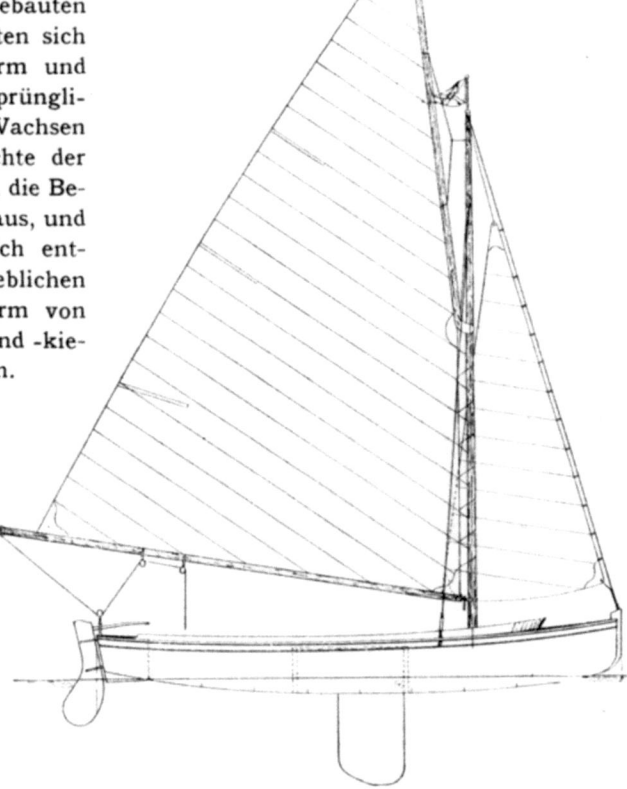

Segelriß. Maßstab 1 : 80. Am-Wind-Segelfläche 22 qm.

klub zum Bau flachgehender, verhältnismäßig breiter Boote mit entsprechend großer Formstabilität. Dieser Bootstyp hat sich für die Elbe und ähnliche Wasserverhältnisse bestens bewährt, und der Blankeneser Segel-Club hat dann mehrere Klassen solcher Fahrzeuge geschaffen.

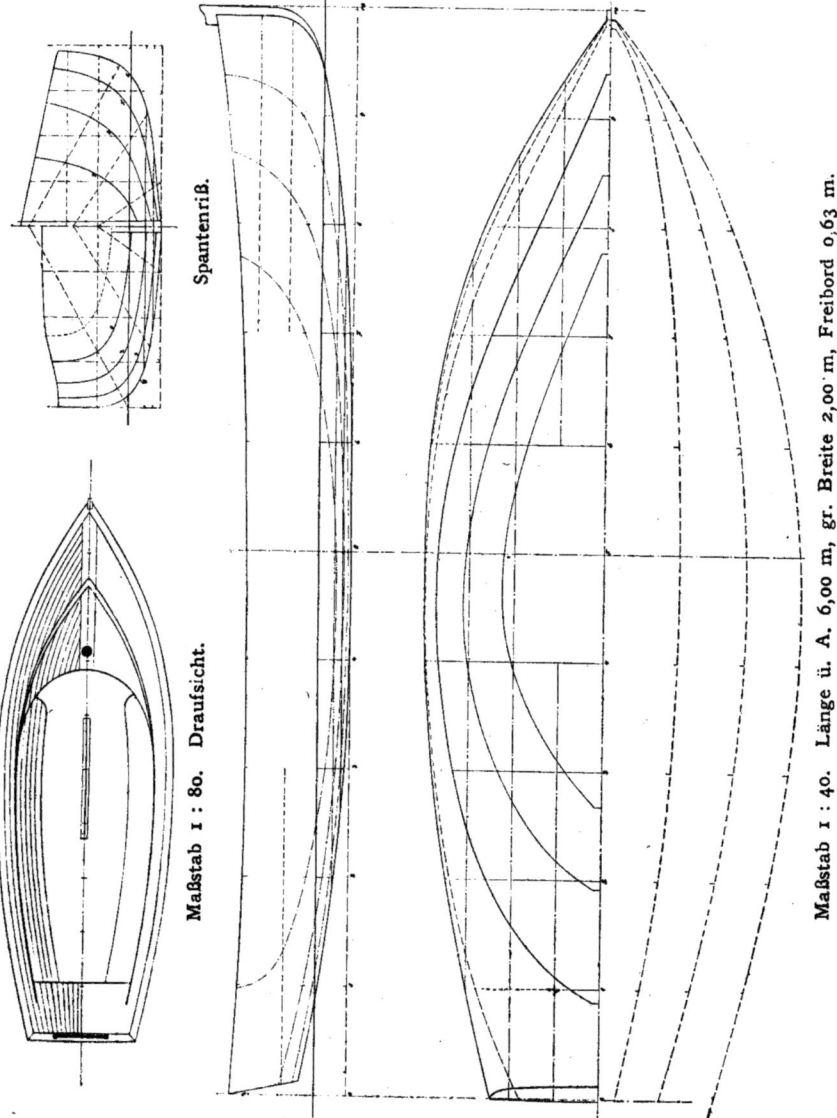

Elbkieljolle „Falke".

Ein Vertreter des breiten Elbjollentyps, der sich nach dem übereinstimmenden Urteil der Jollensegler auf der Unterelbe für die dortigen Verhältnisse ganz besonders bewährt hat. Die Jolle paßt sich den Eigenheiten des Reviers mit seinem derben Seegang

Elbkieljolle im Rennen.

und frischen Wind durch die große Breite, das völlige Vorschiff und den hohen Freibord an. Zu beachten sind auch die sowohl vorn wie achtern schlank verlaufenden Wasserlinien, die auf den Erfahrungen der kleineren Fischerboote fußen und dem steilen Seegang Rechnung tragen.

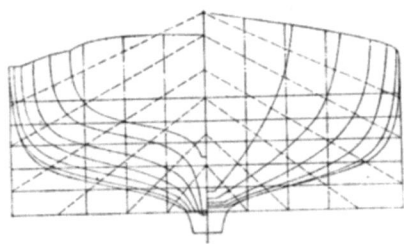

Spantenriß. Maßstab 1 : 40.

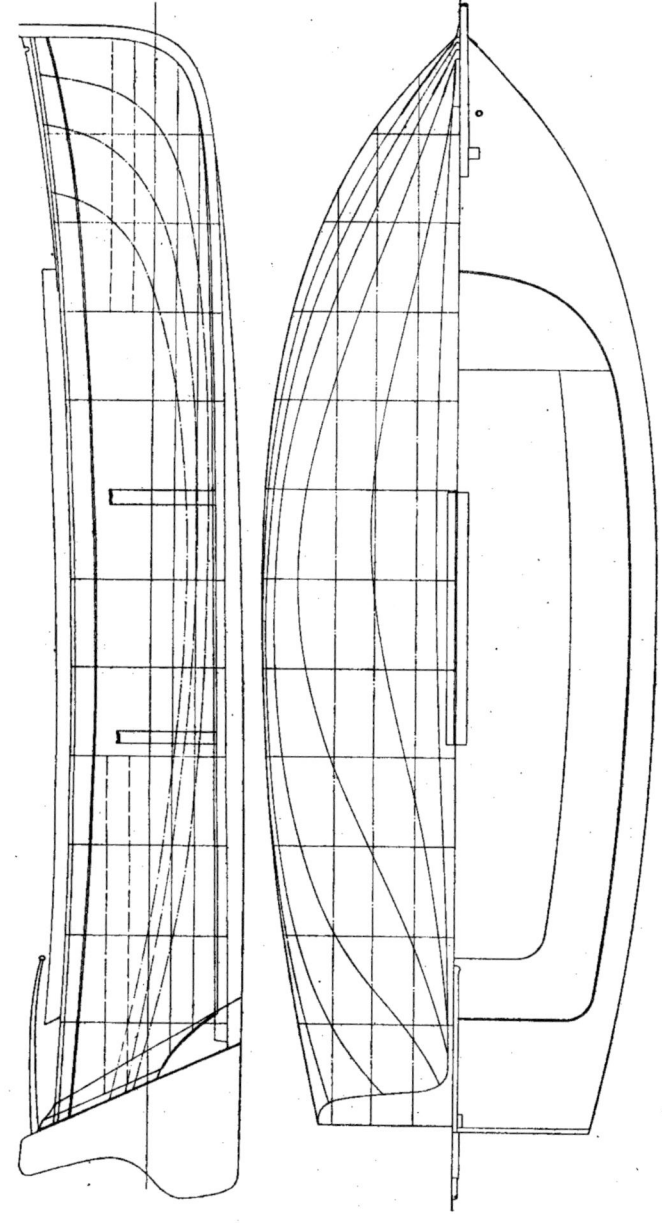

Maßstab 1 : 40. Länge über Deck 6,20 m, Breite über Spanten 2,20 m, geringster Freibord 0,83 m.

Anhang

Klasseneinteilung und Klassenvorschriften des Berliner Kleinsegler-Verbandes.

A. Rennjollen.

Allgemeine Vorschriften.

Zugelassen werden nur Schwertboote.
Verboten ist jeder Ballast, der das gekenterte Boot mit der höchstzulässigen Rennbesatzung sinkbar macht.
Tiefgang höchstens $^1/_5$ Breite.
Vorhandener Ballast muß mit dem Boote oder dem Schwert fest verbunden sein.
Doppelboote und ähnliche Konstruktionen sind verboten.

Klasse I.

Segelfläche höchstens 30 qm. Größte Breite in der Wasserlinie mindestens 1,60 m. Niedrigster Freibord mindestens 40 cm. Plankenstärke mindestens 12 mm. Besatzung höchstens 3 Mann.

Klasse II.

Segelfläche höchstens 20 qm. Größte Breite in der Wasserlinie mindestens 1,40 m. Niedrigster Freibord mindestens 35 cm. Plankenstärke mindestens 10 mm. Besatzung höchstens 3 Mann.

Klasse III.

Segelfläche höchstens 15 qm. Größte Breite in der Wasserlinie mindestens 1,20 m. Niedrigster Freibord mindestens 30 cm. Plankenstärke mindestens 8 mm. Besatzung höchstens 2 Mann.

Klasse IV.

Segelfläche höchstens 10 qm. Größte Breite in der Wasserlinie mindestens 1,00 m. Niedrigster Freibord mindestens 28 cm. Plankenstärke mindestens 6 mm. Besatzung höchstens 2 Mann.

Klasse V.

Segelfläche höchstens 5 qm. Größte Breite in der Wasserlinie mindestens 0,80 m. Niedrigster Freibord mindestens 25 cm. Plankenstärke mindestens 6 mm. Besatzung 1 Mann.

B. Wanderjollen.

Allgemeine Vorschriften.

Wie bei den Rennjollen, außerdem ist vorgeschrieben:
Klappmast,
Ruder aufholbar bis Unterkante Kiel,
Schwert um einen fest verschraubten Bolzen drehbar,
der Raum unter Achterdeck abgeschottet,
Schwimmkästen mit mindestens 75 l Inhalt,
Fußboden von mindestens 12 mm Dicke in der ganzen Länge und Breite an allen Stellen der Plicht,
Innensitze für mindestens 3 Personen oder entsprechende Decksitze.

Klasse II a.

Segelfläche höchstens 20 qm. Sluptakelung. Das Großsegel darf höchstens 0,85 der Gesamtsegelfläche betragen. Breite über Deck mindestens 1/3,5 Länge. Größte Breite in der Wasserlinie mindestens 1,50 m. Niedrigster Freibord mindestens 40 cm. Plankenstärke: Eiche mindestens 10 mm, Mahagoni mindestens 12 mm, Gabun mindestens 14 mm. Besatzung höchstens 3 Mann. Kiel mindestens 200 × 40 mm. Bodenwrangen: Entfernung höchstens 360 mm, Dicke mindestens 20 mm, Armlänge mindestens $^2/_3$ der halben Breite an der betreffenden Stelle, Höhe über Kiel mindestens 50 mm. Spanten: Entfernung höchstens 120 mm, Abmessungen mindestens 15 × 20 mm. Eindeckung mindestens $^2/_5$ der Länge, davon achtern mindestens 750 mm, seitlich mindestens 200 mm. Decksbalken: Entfernung höchstens 240 mm, Abmessungen in der Mitte mindestens 20 × 40 mm, am Balkweger und unter der seitlichen Eindeckung mindestens 20 × 30 mm. Decksplanken: wenn mit Segeltuch bezogen mindestens 12 mm, bei Naturdeck in breiten Planken 14 mm, bei schmalen Plankenstreifen (unter 6 cm) mindestens 16 mm. Balkweger mindestens 25 × 50 mm.

Klasse III a.

Segelfläche höchstens 15 qm. Breite über Deck mindestens 1/3,5 Länge. Größte Breite in der Wasserlinie mindestens 1,30 m. Niedrigster Freibord mindestens 35 cm. Plankenstärke: Eiche mindestens 8 mm, Mahagoni mindestens 10 mm, Gabun mindestens 12 mm. Kiel mindestens 130 × 35 mm. Bodenwrangen: Entfernung höchstens 300 mm, Dicke mindestens 15 mm, Armlänge mindestens $^2/_3$ der halben Breite an der betreffenden Stelle, Höhe über Kiel mindestens 40 mm. Spanten: Entfernung höchstens 100 mm, Abmessungen mindestens 15 × 10 mm. Eindeckung mindestens $^2/_5$ der Länge, davon achtern mindestens 600 mm, seitlich mindestens 150 mm. Decksbalken: Entfernung höchstens 300 mm, Abmessungen in der Mitte mindestens 15 × 50 mm, am Balkweger und unter der seitlichen Eindeckung 15 × 30 mm. Decksplanken: wenn mit Segeltuch bezogen mindestens 12 mm, bei Naturdeck in breiten Planken mindestens 14 mm, bei schmalen Plankenstreifen (unter 6 cm) mindestens 16 mm. Balkweger: mindestens 20 × 50 mm. Besatzung höchstens 2 Mann.

Zur Segelvermessung.

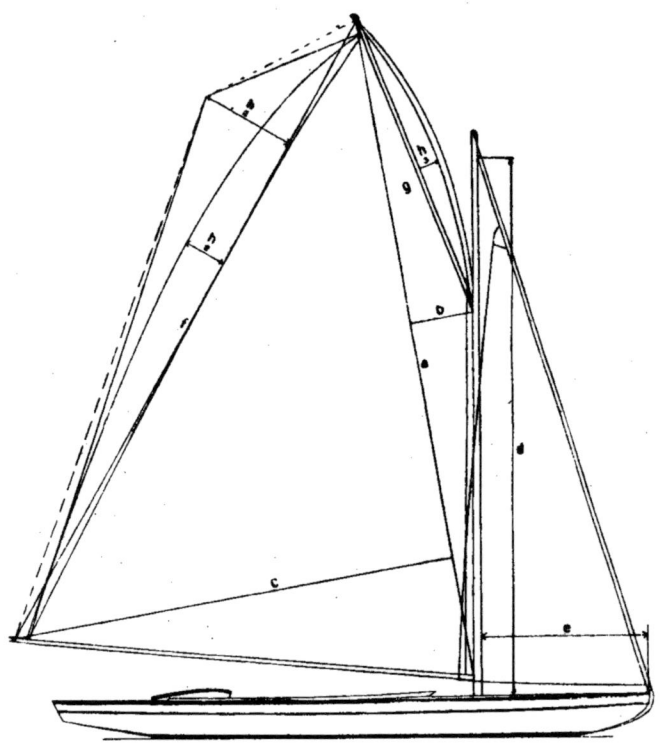

Gemessen wird das Großsegel und das Vorsegeldreieck. Das Großsegel mißt:
$$\frac{a \cdot (b + c)}{2}.$$

a wird gemessen von der Gaffelnockmarke bis zur Kreuzung der verlängerten Oberkante des Gigbaums mit der Hinterkante des Mastes.

b wird gemessen von der Kreuzung der Unterkante Gaffel mit der Hinterkante Mast bis zum nächsten Punkt von a.

c wird gemessen von der Gigbaumnockmarke bis zum nächsten Punkt von a.

Wird die Linie von Gaffelnockmarke zu Gigbaumnockmarke vom Segel überragt, so wird der überschießende Teil addiert, und zwar bei rundgeschnittener Achterliek:
$$\frac{2}{3} \cdot f \cdot h_2$$

Bei eckig geschnittener Achterliek:
$$\frac{f \cdot h_1}{2}.$$

Ist die Gaffel rund geschnitten, so wird addiert:
$$\frac{2}{3} \cdot g \cdot h_3$$

g ist zu messen von der Gaffelnockmarke bis zur Kreuzung der Unterkante Gaffel mit dem Mast.

Sind Nockmarken nicht vorhanden, so wird in allen Fällen bis zur Nock gemessen.

Top-, Besan- oder andere Hintersegel werden in gleicher Weise wie das Großsegel gemessen.

Das Vorsegeldreieck mißt: $\dfrac{d \ e}{2}$.

d wird gemessen von Deck bis zur Kreuzung der verlängerten vordersten Vorsegelliek mit dem Deck, dem Steven oder dem Klüverbaum.

Ist der Spinnakerbaum länger als die Basis e des Vorsegeldreiecks, so wird der überragende Teil zu e addiert.

◘ ◘ ◘

Vermessungsbestimmungen des Deutschen Segler-Verbandes.

A. 15 qm-Klasse.

1. Bauart.

Die 15 qm-Boote müssen unsinkbare Schwertboote sein. Außenballast sowie jeder mit dem Bootskörper nicht fest verbundene Innenballast ist verboten. Für die tatsächlich vorhandene Unsinkbarkeit trägt der Erbauer und der Eigner die Verantwortung.

Auslegerboote, Doppelboote, hohle Bodenformen, Ballast-, Stech- oder Kimmschwerter sowie Kimmruder sind verboten. Decksitze und Stützvorrichtungen für die Mannschaft dürfen nicht über die Bordwand hinausragen.

Die Boote müssen durch wasserdichte Schotten abgeteilt sein oder Luftkästen an beiden Enden des Bootes von soviel überschüssigem Auftrieb besitzen, daß das vollgeschlagene Boot mit Zubehör, Ballast und der höchst zulässigen Besatzung annähernd gleichlastig schwimmfähig bleibt.

2. Besegelung.

Die nach den Vorschriften des D. S. V. zu vermessende Segelfläche darf 15 qm nicht überschreiten.

15 qm-Boote mit Vor- und Großsegel dürfen einen Spinnaker führen. 15 qm-Boote, die nur ein Großsegel ohne Vorsegel besitzen, dürfen nur dann einen Spinnaker benutzen, wenn die vermessene Fläche beider Segel zusammen 15 qm nicht überschreitet.

3. Besatzung.

Die Besatzung darf aus nicht mehr als zwei Personen bestehen, von denen eine Mitglied eines Verbandsvereins oder eines anerkannten ausländischen Seglervereins sein muß, die andere keine bezahlte Hand sein darf.

B. Küstenjollen-Klasse.

1. Bauart.

Die Küstenjolle muß ein Kielboot mit oder ohne Schwert sein.

2. Form.

Das Boot muß einen Kiel besitzen, auf dem sich der Vorsteven aufsetzt. Dieser muß entweder auf den Kiel auflaufen und mit ihm fest verbunden sein oder durch ein Stevenknie an ihm befestigt sein. Ein Spiegel darf vorne nicht zur Anwendung kommen. Hinten muß sich der Spiegel auf den Kiel bzw. dessen Verlängerung aufsetzen und muß mit ihm durch ein Holzknie verbunden werden.

3. Meßformel.

Die Jolle muß nach folgender Formel gebaut werden:

$$L + B = 9{,}00 \text{ m}.$$

Hierin bedeutet:
L die größte Länge des Rumpfes über alles;
B die größte Breite des Rumpfes, auf der Außenhaut gemessen.

Die Größe $L + B = 9$ m darf nicht überschritten werden. Eine Unterschreitung ist erlaubt.

4. Breite.

Die Breite B muß mindestens 2,00 m, die Breite in der Wasserlinie mindestens 1,80 m betragen.

Eine nicht zu vermessende Scheuerleiste von 30 mm Dicke ist erlaubt.

5. Freibord und Tiefgang.

Der von Oberkante Schandeckel gemessene Freibord muß mindestens betragen:

vorn . . . . 0,850 m
an der niedrigsten Stelle . . . . 0,500 m
hinten . . . . 0,625 m

Der Tiefgang in rennfertigem Zustande ohne Mannschaft darf betragen:

a) bei Jollen mit Schwert, auf 0,5 der Wasserlinienlänge von vorne gemessen von 0,450—0,500 m, hinten am Ruder gemessen bis 0,700 m.

b) Bei Jollen ohne Schwert, auf 0,5 der Wasserlinienlänge, von vorne gemessen, von 0,550—0,600 m, hinten am Ruder gemessen bis 0,800 m.

Der größte Tiefgang muß in allen Fällen am hinteren Totholz beim Ruder bis Unterkante Kiel gemessen werden. Die Unterkante des Kiels muß von 0,5 der Wasserlinienlänge von vorne bis zum tiefsten Punkt beim Ruder in gerader

Linie verlaufen. Durchbrechungen und Aussparungen im hinteren Totholz und Kiel sind verboten.

Eine Abweichung von 10 mm in den vorstehend angegebenen Tiefgängen nach oben oder unten ist gestattet.

6. Schwert.

Das Schwert muß aus einer nicht über 12 mm dicken Stahl- oder Eisenplatte bestehen, und muß um einen nicht versetzbaren Punkt drehbar sein. Es darf am Rande verjüngt werden.

Der tiefste Punkt des vollständig herabgelassenen Schwertes darf nicht mehr als 0,75 m unter Unterkante Kiel, senkrecht gemessen, liegen.

Ballast-, Stech- und Kimmschwerter sind verboten.

7. Ruder.

Das Ruder muß schwimmfähig, am Hintersteven oder Spiegel frei aufgehängt und von Bord aus herausnehmbar sein. Es darf nicht tiefer tauchen als Unterkante Kiel.

Doppelruder sind verboten.

8. Eindeckung.

Die Jolle muß Laufplanken von 0,280 bis 0,320 m Breite besitzen und einen Setzbord von mindestens 80 × 13 mm haben. Die Abrundung des Sitzraumes vorne darf einen Viertelkreis nicht überschreiten. Das Vorschiff muß mindestens bis an den Mast, darf aber bis 0,500 m hinter den Mast eingedeckt werden.

Die Eindeckung hinten muß bei einer Spitzgattjolle 1,00 m, bei einer Spiegeljolle 0,70 m betragen.

Die Jolle muß mit Luftkästen versehen werden, welche zusammen mindestens einen Inhalt von 0,350 cbm haben. Dieselben müssen an beiden Seiten unter Deck sorgfältig befestigt und so angeordnet sein, daß das vollgeschlagene Boot annähernd gleichlastig schwimmt.

Der Sitzraum-Ausschnitt darf über einen Kreisbogen, der die seitliche Eindeckung und die Vorderkante des Sitzraumes berührt, nicht hinausgehen.

9. Bauausführung.

Die Jolle ist klinker aus Eichenholz zu bauen. Für die Planken ist auch die Verwendung von Kiefern (Föhren)-, Fichten (Rottannen)- oder Lärchenholz zulässig.

Leichtere Holzarten dürfen nur für Deck, Decksbalken, Balkwäger, Bänke, Fußboden, Rundhölzer, sowie für das äußere Totholz und Ausrüstungsgegenstände und wo sonst zugelassen, verwandt werden.

Es dürfen nur europäische Hölzer verarbeitet werden.

Die Maße für die einzelnen Teile des Bootskörpers sind folgende in Millimetern:

Kiel: außerhalb der Kielsponung B × H mindestens 20 000 qmm; beim Schwertboot muß dieser Querschnitt an jeder Stelle neben dem Schwertschlitz vorhanden sein. In diesem Querschnitt ist der Querschnitt des Ballastkiels mitenthalten. Der Kiel darf nach vorn allmählich in den Vordersteven übergehen.

Der Kiel bei Jollen mit Schwert muß von Unterkante Sponung bis Unterkante Kiel eine Höhe von 150, bei Jollen ohne Schwert eine solche von 250 haben.

Steven: 120 × 80.

Eingebogene Spanten aus Eiche, Ulme, Akazie oder weißer Esche: 30 × 20 in höchstens 200 Entfernung von Mallkante zu Mallkante.

Bodenwrangen aus Eiche, Ulme, Akazie oder weißer Esche: 30 × 50 in höchstens 400 Abstand von Mallkante zu Mallkante, mittschiffs mindestens 600 Armlänge.

Deck: Dicke der Planken mindestens 15.

Decksbalken: 50 × 30 in einem Abstand von höchstens 250 von Mallkante zu Mallkante.

2 Mastbalken: 50 × 45; wenn nur ein Mastbalken angeordnet wird, so muß derselbe den doppelten Querschnitt 50 × 90 haben.

2 Balkwäger: 60 × 30.

3 Paar Balkenknie aus Eiche, Ulme, Akazie oder weißer Esche: 250 × 25.

3 Paar Horizontal-Knie aus Eiche, Ulme, Akazie oder weißer Esche: 250 × 25.

Der Schwertkasten muß auf jeder Seite und mindestens auf jeder Bodenwrange mit einem geschmiedeten eisernen Winkel gestützt werden. Am Mast, sowie vor und hinter dem Schwertkasten ist je ein gewachsenes Spant aus Eichenholz anzuordnen, welches mit einer Bodenwrange aus dem gleichen Holz verbunden sein muß. Die Stärke desselben am Kiel soll 40 × 30, am Schandeckel 30 × 30 betragen.

Die Dicke der Planken bei Verwendung von Eichenholz muß mindestens 12, bei Verwendung von Kiefern (Föhren)-, Fichten (Rottannen)- oder Lärchenholz mindestens 14 betragen; die sichtbare Breite derselben darf 125 nicht überschreiten. Die Überlappung muß 25 betragen. Beim anliegenden Gang darf eine geringe Abschrägung und bei den überragenden Plankenkanten eine Abrundung bis zu einem Viertelkreis vorgenommen werden.

Die Verbindung der Planken untereinander sowie der Planken mit den Spanten und den Balkwägern ist durch Niete und Klinkscheiben herzustellen. Die Nietenentfernung in den Überlappungen darf nicht über 50 betragen.

Steven bzw. Spiegel und Kiel sowie das Hauptspant dürfen keine hohlen Linien aufweisen.

Die Sponung des Vorstevens muß parallel zu seiner Vorderkante sein, bis sie in die Kielsponung überläuft oder die Sponung des Kiels schneidet.

Bei Spitzgattjollen kann die Sponung des Hinterstevens in die Sponung des Kiels überlaufen oder dieselbe schneiden.

Bei Jollen mit Spiegel kann die Sponung des Hinterstevens mit einer Kurve in die Sponung des Kiels überlaufen oder dieselbe schneiden.

Die Jolle ist mit einem Eisenkiel zu versehen, welcher mit den nötigen Bolzen ein Gewicht von 250 bis 300 kg haben muß. Das Gewicht ist vom Erbauer festzustellen und bei der Vermessung anzugeben.

10. Gewicht.

Das Gewicht der rennfähigen Jolle mit Ruder, Eisenkiel und Luftkästen, ohne Takelung, Ausrüstung (§ 13) und Mannschaft darf 900 kg nicht unterschreiten und ist durch Wägung festzustellen.

11. Besegelung.

Die Besegelung muß aus einem Großsegel und einem Vorsegel bestehen. Wird eine Gaffel gefahren, so muß die Piek fierbar sein.

Die nach den Vorschriften des D. S. V. zu vermessende Segelfläche darf 30 qm und die Fläche des Großsegels 0,8 der Gesamt-Segelfläche nicht überschreiten.

Erlaubt sind nur: ein Großsegel, ein Vorsegel, das gegen ein kleineres ausgewechselt werden darf, und ein Spinnaker. Letzterer darf als Ballon-Vorsegel gefahren werden, jedoch nicht über den Vorsteven hinausragen.

12. Rundhölzer.

Hohle oder Bambusrundhölzer sind verboten.

Klüverbaum ist verboten.

Der Mast muß an Deck einen Durchmesser von mindestens 0,12 m haben.

13. Ausrüstung.

Zur Ausrüstung gehören:

1 Anker im Gewicht von 14 kg mit 30 m Ankertrosse von 50 mm Umfang,
2 Riemen und 2 Dollen,
1 Bootshaken,
1 Fangleine,
1 Persenning für das Großsegel,
3 Segelsäcke,
1 Rettungsring,
1 Baumschere oder Stütze,
1 Pumpe.

Die vorstehende Ausrüstung muß bei Wettfahrten an Bord sein.

14. Besatzung.

Die Höchstzahl der Besatzung kann durch die Ausschreibung auf 2 oder 3 Personen festgesetzt werden.

Bezahlte Leute sind verboten.

15. Altersklasse.

Für Küstenjollen, deren Kiel vor dem 5. November 1916 gestreckt worden ist, kann bis zum 31. Dezember 1923 (Beschluß des Seglertages 1919) eine besondere Altersklasse ausgeschrieben werden. Ein Rennen der Altersklasse kann nur stattfinden, wenn mindestens zwei Meldungen dazu eingegangen sind.

C. Binnenjollen-Klasse.

1. Bauart.

Die Binnenjolle muß ein Schwertboot sein.

2. Form.

Die Jolle muß ein auf Kiel und Steven gebautes Boot mit einer gerundeten Kimm sein, mit einem Halbmesser von mindestens 125 mm bei einer Sehnenlänge von 125 mm, außen gemessen. Der Verlauf des Buges beiderseits gegen den Steven darf von 10 cm oberhalb der Wasserlinie ab nach oben den Winkel von 90 Grad nicht überschreiten. Hohle Hauptspantformen sind verboten.

Scharpies, Doppelboote und ähnliche Konstruktionen sind ausgeschlossen.

Das Boot muß einen Kiel besitzen, auf dem sich der Vorsteven aufsetzt. Dieser muß entweder auf den Kiel auflaufen und mit ihm fest verbunden sein oder durch ein Stevenknie an ihm befestigt sein. Ein Spiegel darf vorne nicht zur Anwendung kommen. Hinten muß sich der Spiegel auf den Kiel bzw. dessen Verlängerung aufsetzen und muß mit ihm durch ein Holzknie verbunden werden.

3. Meßformel.

Die Jolle muß nach folgender Formel gebaut sein:
$$L + B = 7{,}80 \text{ m}.$$

Hierin bedeutet:

L die größte Länge des Rumpfes über alles,
B die größte Breite des Rumpfes auf der Außenhaut gemessen.

Die Größe $L + B = 7{,}80$ m darf nicht überschritten werden. Eine Unterschreitung ist erlaubt.

4. Breite.

Die Breite B muß mindestens 1,70 m, die Breite in der Wasserlinie mindestens 1,50 m betragen.

Eine nicht zu vermessende Scheuerleiste von 20 mm Dicke ist erlaubt.

5. Freibord.

Der Freibord muß mindestens 0,42 m betragen.

6. Schwert.

Das Schwert muß aus einer Stahl- oder Eisenplatte von 8 mm Dicke bestehen und muß um einen nicht versetzbaren Punkt drehbar sein.

Der tiefste Punkt des vollständig herabgelassenen Schwertes darf nicht mehr als 1,10 m unter Unterkante Kiel liegen.

Ballast-, Stech- und Klimmschwerter sind verboten.

Zur Verminderung des Widerstandes ist es gestattet, das Schwert am Rande zu verjüngen.

7. Ruder.

Das Ruder muß am Hintersteven oder Spiegel frei aufgehängt und von Bord aus herausnehmbar sein.

Hölzerne Ruder dürfen mit einer dünnen Beplattung versehen werden. Ballast- und Doppelruder sind verboten.

8. Eindeckung.

Die Jolle muß Laufplanken von 0,26—0,32 m Breite besitzen, die einen Setzbord bis 50 mm Höhe haben dürfen, der von der größten Breite des Bootes ab nach vorn bis auf 80 mm ansteigen darf.

Die vordere Eindeckung muß mindestens 1 m lang sein mit entsprechender Abrundung des Übergangs in die Laufplanken, welche 2,2 m von Vorkante Vorsteven ihre vorgeschriebene Breite besitzen müssen.

Am Heck darf die Jolle bis 1,00 m eingedeckt sein.

Die Jolle muß mindestens zwei Luftkästen, an jeder Bordseite oder vorn und hinten einen, mit zusammen mindestens 100 l Inhalt besitzen. Die Luftkästen müssen annähernd gleich groß sein, unter Deck sorgfältig befestigt, und so angeordnet sein, daß das vollgeschlagene Boot annähernd gleichlastig schwimmt.

9. Bauausführung.

Die Jollen sind karwel zu bauen. Die Abmessungen in Millimetern für die einzelnen Teile des Bootskörpers sind folgende:

1. **Kiel**: Eiche. Breite einschließlich Schwertschlitz 180 bis 185. Diese Breite darf im Bereiche des Schwertkastens an keiner Stelle unterschritten werden. Nach vorne soll die Kielbreite in die Stevendicke, nach hinten bis auf 100 bis 105 am Spiegel gleichmäßig überlaufen. Dicke des Kiels 40. Der Kiel ist unter dem Mast durch eine Mastspur zu verstärken. Eiserne Schienen an der Unterkante des Kiels sind verboten.

2. **Steven und Stevenknie**: Eiche, 100 × 70. Stevenknie 50 dick.

3. **Planken**: Aus Eiche oder Mahagoni 12, aus Gabun, Zypresse, Kiefer (Föhre), Fichte (Rottanne) oder Lärche 14 dick.

4. **Eingebogene Spanten**: Eiche, Ulme, Akazie oder weiße Esche, 23 × 15 in 120 Abstand von Mallkante bis Mallkante.

5. **Bodenwrangen**: Eiche, Ulme, Akazie oder weiße Esche über dem Kiel 50 × 22 in 360 Abstand von Mallkante bis Mallkante. Armlänge mittschiffs mindestens 700 auf jeder Schiffsseite. Die Bodenwrangen können auch bis unter den Fußboden reichen (vgl. lfd. Nr. 14). Im Bereiche des Schwertkastens muß jede Bodenwrange mit dem Schwertkasten durch ein Eisenknie von 250 Schenkellänge bei 20 Breite und 8 bis 4 Dicke verbunden sein. (Ausnahmen siehe unter lfd. Nr. 12.) An Stelle dieser Knie sind Winkel von 25 × 20 × 3 zugelassen. An jedem Ende des Schwertkastens muß eine durchlaufende Bodenwrange liegen, die mit dem Schwertkasten an jeder Seite durch ein horizontales Eisenknie von denselben Abmessungen zu verbinden ist.

6. **Balkwäger**: Kiefer (Föhre), Fichte (Rottanne), Zypresse: 60 × 30.

7. **Decksbalken**: aus Eiche, Ulme, Akazie, weißer Esche, Zypresse, Kiefer (Föhre), Fichte (Rottanne) oder Lärche, durchweg in 240 Abstand von Blattkante bis Blattkante, unter der seitlichen Eindeckung 25 × 22, ein Mastbalken 45 × 60, an Bord 25 × 60. Der Mastbalken muß — falls das Deck nicht bis zum Mast reicht — ersetzt werden durch eine Mastducht aus Eiche, Ulme, Akazie oder weißer Esche von 270 × 30, die an jeder Stelle mit zwei eisernen Knien von den Abmessungen unter lfd. Nr. 8 zu befestigen ist.

8. **Balkenknie**: Eiserne Hängeknie von 250 Schenkellänge bei 20 Breite und 8 bis 4 Dicke an jeder Seite am Mastbalken. Ersatz durch Winkel siehe lfd. Nr. 5. Außerdem sind im Bereiche der seitlichen Eindeckung an jedem dritten Decksbalken Hängeknie aus Eiche, Ulme, Akazie oder weißer Esche von 22 Dicke oder eine entsprechende Abstützung anzubringen.

9. **Horizontalknie:** Aus Eiche, Ulme, Akazie oder weißer Esche von 25 Dicke sind am Mastbalken, sowie am Spiegel und an Hinterkante Vorsteven zur Verbindung mit der Außenhaut anzubringen.

10. **Deck:** 9 dick aus Mahagoni, Gabun, Zypresse, Kiefer (Föhre), Fichte (Rottanne) oder Lärche.

11. **Spiegel:** Material wie für die Planken, 30 dick. Knie zur Verbindung mit dem Kiel aus Eiche, 40 dick.

12. **Schwertkasten:** Unten 30 dick aus Eiche, oben anderes Holz von 25 Dicke gestattet. Zur Versteifung des Schwertkastens und zur Verbindung, desselben mit den Bodenwrangen können an Stelle der unter lfd. Nr. 5 vorgeschriebenen Eisenknie auch Knie aus Eiche, Ulme, weißer Esche oder Akazie bis Oberkante Schwertkasten reichende vertikale Versteifungen von 60 × 22 unten und von 30 × 22 oben verwendet werden, die mit den Bodenwrangen überlappen und mit denselben gut zu verbinden sind. Andere Versteifungen und Verbindungen sind verboten. Die Höhe des Schwertkastens über Oberkante Kiel soll an der niedrigsten Stelle 450 bis 480 betragen.

13. **Fußboden:** 15 dick.

14. **Fußbodenbalken:** 30 × 22 (vgl. lfd. Nr. 5).

15. **Remmleisten:** An Oberkante Fußboden auf den Spanten bzw. Bodenwrangen 40 × 15.

Material für die Ziffern 13, 14 und 15: Eiche, Ulme, Akazie, weiße Esche, Kiefer (Föhre), Fichte (Rottanne), Zypresse oder Lärche.

16. **Mastbacken:** Eiche, Ulme, Akazie oder weiße Esche, bei Verwendung von Mastbacken sind diese 30 dick zu machen und mit den Deckbalken und dem Kiel gut zu verbinden. Mastducht siehe unter lfd. Nr. 7.

17. Abweichungen in Höhe von 1 nach oben hin sind für alle unter 1 bis 16 angegebenen Materialabmessungen gestattet.

10. Ballast.

Ballast in jeder Form ist verboten.

11. Besegelung.

Die nach den Vorschriften des D. Ö. U. V. zu vermessende Segelfläche darf 22 qm und die Fläche des Großsegels 0,8 der Gesamt-Segelfläche nicht überschreiten.

Erlaubt sind ein Großsegel, ein Vorsegel, das gegen ein kleineres ausgewechselt werden darf, und ein Spinnaker, der als Ballonvorsegel gefahren werden kann, jedoch nicht über den Vorsteven hinausragen darf.

12. Rundhölzer.

Hohle oder Bambusrundhölzer sind verboten.
Klüverbaum ist verboten.

13. Ausrüstung.

Während der Wettfahrt muß außer einem Rettungsring ein Riemen oder Paddel und ein Bootshaken an Bord sein.

14. Besatzung.

Die Höchstzahl der Besatzung kann durch die Ausschreibung auf zwei oder drei Personen festgesetzt werden.

Bezahlte Leute sind verboten.

15. Altersklasse.

Für Binnenjollen, deren Kiel vor dem 5. November 1916 gestreckt worden ist, kann bis zum 31. Dezember 1923 (gemäß Beschluß des Seglertages 1919) eine besondere Altersklasse ausgeschrieben werden. Ein Rennen der Altersklasse kann nur stattfinden, wenn mindestens zwei Meldungen dazu eingegangen sind.